Messages de vos Anges

Ce que vos anges veulent que vous sachiez

Doreen Virtue

Messages de vos Anges

Ce que vos anges veulent que vous sachiez

Deuxième édition

Éditions Exergue
21, rue de Seine
75006 Paris

Titre original :
Messages from Your Angels
What Your Angels Want You to Know

1re édition Hay House Inc. USA, avril 2002
7e édition Hay House Inc. USA, août 2003

ISBN : 978-2-911525-63-6

traduit de l'américain par Muriel Vsandivaras

Introduction

par l'auteur

Ce livre est la suite de *Angel Therapy,* l'ouvrage qui a changé ma vie lors de sa conception et de sa rédaction. Toutefois il n'est *pas* nécessaire de lire d'abord *Angel Therapy* pour comprendre ce livre et en profiter pleinement. *Messages de vos anges* se suffit à lui-même.

Le jour où j'ai eu l'intention d'écrire *Angel Therapy*, j'ai envoyé quelques mots par courriel à mon éditeur Hay House pour le lui annoncer. Habituellement, un éditeur demande un synopsis avant d'accepter de publier un livre. Mais, curieusement, en quelques heures, Hay House accepta de publier *Angel Therapy* dont il n'avait vu pratiquement qu'un titre. Je n'aurais pas été capable à ce stade de leur en envoyer plus : je n'avais aucune idée de ce que cela allait être ! Les anges ont clairement initié et mené toutes les démarches : mon éditeur et moi-même avons été guidés par eux.

La première moitié de *Angel Therapy* m'a été dictée par les anges. Je me suis assise devant mon ordinateur, j'ai prié, je me suis concentrée et suis entrée dans une semi-transe. C'était comme si les mots des anges traversaient ma conscience et allaient directement à mes doigts sur le clavier. Inquiète sur la signification du texte, j'hésitais à lire le manuscrit avant qu'il ne soit terminé. C'est seulement à ce moment-là que j'ai découvert les sages conseils des anges, lesquels constituent la seconde moitié de *Angel Therapy.* J'ai beaucoup appris de leur part même si les messages étaient alors au-dessus de mon niveau de compréhension spirituelle – pas vraiment supérieur mais venant d'une conscience spirituelle plus avancée que la mienne. Avec le temps, j'ai compris petit à petit ce que les anges voulaient dire et aujourd'hui leurs messages sont clairs pour moi.

L'écriture de *Messages de vos anges* a été entièrement différente. Il y a déjà quelques années que j'ai rédigé *Angel Therapy* ; j'ai parcouru le monde, tenant des ateliers dans lesquels je communique (*channeling*) en public avec les anges. En fait, je me sens beaucoup plus à l'aise dans ce processus.

Tout comme *Angel Therapy*, *Messages de vos anges* m'a été dicté par les anges après avoir demandé leur aide. Ils ont choisi les thèmes de la partie I et m'ont dit ce que je devais écrire. Chaque chapitre contient des éléments qui m'ont étonnée à la lecture, des informations nouvelles pour moi en grande partie. La logique des anges est remarquablement claire, quoique différente et revigorante par rapport à la raison humaine. Une fois encore, j'ai beaucoup appris en transcrivant les messages des anges.

Dans la partie II, j'ai posé aux anges certaines questions. Celles dont me fait souvent part l'assistance et d'autres qui sont de mon propre chef. Dans cette partie, les anges m'ont répondu au fur et à mesure que mentalement je les interrogeais, mais parfois leur notion du temps m'a posé quelques difficultés. Par exemple, lors d'une course à pied dans le parc La Jolla (Californie) face à l'océan, je décidai de demander aux anges ce qu'il en est de la fonction et de la nature des dauphins. À peine avais-je formulé ma question que j'entendis la réponse amusée des anges (vous la lirez plus loin dans l'ouvrage). Je les ai rappelés en leur demandant de « ne pas quitter », le temps que je rentre à ma chambre d'hôtel pour me mettre à mon ordinateur.

Le même scénario s'est reproduit durant un entraînement à la course. Quoique, après que les anges ont « écrit » le chapitre sur la respiration (les chapitres ne sont pas venus en ordre chronologique), j'ai mieux compris leur façon de faire. Selon eux, leurs messages sont en partie véhiculés par les molécules d'oxygène, aussi, plus nous respirons un air de qualité supérieure, plus leurs messages sont clairs pour nous. Pendant ma course bien sûr, je respirais plus profondément – et plus rapidement –, il en allait de même pour les messages des anges. Quand je me trouve dans des lieux où la qualité de l'air est bonne, je remarque que mes communications et lectures angéliques sont plus détaillées et plus précises.

Comment j'ai procédé

La méthode utilisée pour écrire ce livre a été la suivante : assise devant mon ordinateur, respirer profondément, fermer les yeux et prier afin que le Ciel veuille se servir de moi pour écrire. Mes prières sont celles d'une personne élevée dans une culture chrétienne quoique ces écrits soient radicalement en dehors de toute confession et puissent s'appliquer à toutes les cultures religieuses ou non religieuses.

Après avoir prié, je me suis concentrée sur un sujet et j'ai demandé aux anges d'écrire par mon intermédiaire. C'est là que j'ai entendu une voix douce mais ferme dans mon oreille droite, une voix masculine dans son ton et son énergie. Elle provenait de l'archange Michel aussi bien que d'un groupe d'anges qui se fait appeler « la milice angélique ». Ce sont les porte-parole des anges, si l'on veut.

La voix m'a dicté des mots en me reprenant quand je les entendais mal. Elle m'a indiqué où mettre des italiques ou des guillemets. Lorsque je demandais à la voix : « Êtes-vous sûre de cette phrase ? », elle me répondait fermement : « Oui, laissez-la telle quelle », ou bien elle me corrigeait des mots que j'avais mal transcrits à cause d'une mauvaise écoute.

En tant que psychothérapeute, j'ai appris dans ma formation universitaire à rester sceptique. C'est une des bases de la psychologie de conclure à une pathologie face à tout ce qui défie le sens commun. Aussi, quand je me suis engagée dans cette forme d'écriture automatique, c'était naturel pour moi de douter de sa véracité.

J'ai acquis la conviction qu'elle était authentique pour deux raisons. La première était que la voix était nettement masculine. Si j'avais inventé ces lignes, elles seraient venues d'une voix féminine et probablement identique à la mienne. Cela ne signifie pas que si vous entendez une voix comme la vôtre ce soit le fruit de votre imagination. Toutefois, quand la voix est différente de la vôtre, il est plus facile de la distinguer de votre imagination.

La seconde raison, c'est qu'au fur et à mesure que je transcrivais, j'apprenais de nouvelles choses que je n'avais jamais lues ni entendues ni même pensées ! C'est ce qui m'a convaincue de l'authenticité de ces écrits. J'ai trouvé passionnant de m'asseoir devant mon ordinateur, sachant que j'allais apprendre de nouvelles choses. À chacune de mes séances d'écriture, je me demandais : « Que vais-je apprendre de nouveau aujourd'hui ? »

Aussi vous jugerez par vous-même en lisant ce que les anges m'ont communiqué (*channeling*). Votre esprit, votre cœur et vos sentiments seront à même d'en certifier l'authenticité. Quand j'étais étudiante en philosophie, j'ai pris quelques cours de logique et de rhétorique. Ces cours m'ont aidée à analyser les présupposés rationnels dans les présentations. C'est une des raisons pour lesquelles je trouve remarquable la logique des anges. Ils présentent de nouveaux points de vue qui – une fois saisis – s'avèrent raisonnables. Cela m'incite à me demander : « Pourquoi n'ai-je pas fait cela avant ? » Je trouve très claire leur façon de considérer la vie et l'humanité et cela nous donne, à nous humains, un peu plus de crédit que nous en accordons à nous-mêmes.

Travailler et être en contact avec les anges sont devenus partie intégrante de ma vie depuis la rédaction de *Angel Therapy*. C'est plus naturel maintenant pour moi de me « souvenir » de les appeler dans toutes les circonstances et ils se présentent toujours ! J'ai remarqué le même aspect positif chez les participants à mes ateliers. Il y a une nouvelle réceptivité à la spiritualité, en dehors de toute paranoïa ou culpabilité, et cela est totalement nouveau ! Je constate que les participants sont pragmatiques, avec un esprit libre, des gens souhaitant simplement explorer de nouvelles avenues spirituelles. Ils veulent faire des expériences et se forger leurs propres idées sur la spiritualité au lieu d'adhérer à des religions autoritaires qui leur disent quoi faire et comment faire. Cela illustre bien la liberté essentielle de l'Esprit, n'est-ce pas ?

Tous nous entendons les anges

Nous entendons tous la voix du Ciel – Je le crois de tout mon cœur. La voix se propage dans notre cœur, notre corps, notre tête, nos oreilles et nos yeux. Elle nous influence plus que nous en avons conscience – mais seulement si nous lui en donnons la permission par nos prières régulières ou occasionnelles. Même une formule du type : « Si quelqu'un m'entend, aidez-moi ! » est suffisante pour susciter l'aide des anges.

Ma mission n'a pas consisté seulement à aider les gens à entendre les anges mais aussi à créer une atmosphère propice où nous aurons moins peur de reconnaître et de suivre leurs conseils. Dans presque toutes mes lectures angéliques, mon client dira quelque chose comme ceci : « C'est exactement ce que mes anges *essayent* de me dire ! » Mon rôle est de valider des conseils qu'ils ont déjà reçus et peut-être que j'agis comme un catalyseur pour qu'ils suivent ces conseils.

Cependant, la peur enraye le processus. Ce sont des peurs qui vont de : « Je deviens fou », « Je perds le contrôle », « Je fais des erreurs », « Je vais être puni » à « Je ne suis plus moi-même ». En revanche, beaucoup des participants disent aussi qu'ils renforcent et approfondissent leurs liens avec le divin. La situation est ambiguë : c'est comme si en même temps vous appuyiez sur la pédale de frein et sur celle de l'accélérateur.

La douleur insupportable née de la folie de la persécution d'individus accusés de sorcellerie entre le XIVe et le XVIIIe siècle, période lors de laquelle des personnes de spiritualité « différente » ont été mises à mort dans des conditions atroces, est encore présente dans notre monde. L'inquisition fait partie de ce que Carl Jung appelle notre « inconscient collectif » et ses effets dévastateurs nous ont mis en garde contre les essais de communication avec le Ciel. Quelque part dans notre esprit gît le souvenir d'avoir été mis à mort pour avoir conversé avec les anges.

Heureusement, les archanges et les anges peuvent guérir ces peurs profondément enfouies et ainsi débloquer notre sens spirituel de l'écoute, de la vue et du toucher. Ils peuvent nous libérer de nos anciennes chaînes qui nous enferment dans des prisons émotionnelles, où nous sommes coupés des appels d'amour du ciel.

Ainsi, dans la dernière partie de ce livre, j'ai décrit quelques méthodes qui peuvent vous aider à devenir plus conscients des messages de vos anges gardiens. En lisant les messages angéliques de ce livre, vous recevrez des messages personnalisés de vos *propres* anges et cela se fera par vos sentiments, vos pensées, vos visions, ou une voix intérieure. Je vous invite fortement à prendre note de ces messages personnels : ils peuvent fournir des réponses à vos prières.

J'ai toujours constaté que mes prières obtenaient une réponse. Celle-ci ne se présente pas toujours sous la forme d'un éclair ou d'une voix forte venant d'en haut. Elle apparaît de manière plus subtile – par des sensations intérieures, des coïncidences et des idées obsédantes. Dans le dernier chapitre du livre, je présente des moyens pour vérifier si c'est bien le Ciel – ou pas – que vous entendez.

Au fur et à mesure que nous nous dégageons des peurs qui nous empêchent de recevoir et de reconnaître des messages de nos anges, nous devenons plus sensibles à la présence de l'amour dans nos vies. Nos cœurs s'ouvrent et nous devenons plus aimables et plus compatissants. Nous donnons plus de sens à la vie – une direction et un but.

Les anges sont avec nous comme un don de notre Créateur et ils travaillent à établir la paix sur Terre, auprès de chaque personne l'une après l'autre. En collaborant avec eux, je crois que nous pouvons atteindre ce but.

Introduction

par le royaume des anges

Vous qui cherchez des réponses, vous les trouverez en lisant les messages de vos anges. C'est nous qui sommes à vos côtés jour et nuit et qui refusons fermement de voir en vous autre chose que la lumière divine qui rayonne de votre être. Nous sommes vos amis de toujours et vos infatigables compagnons. Nous, vos anges, nous déplaçons légèrement au-dessus de vous seulement parce que vous ne sortez pas de vos points de vue figés sur l'existence. Là où vous ne voyez que de la désespérance, nous voyons toujours l'espérance. Là où vous ne voyez que des cicatrices à vif, nous ne voyons que la santé. Là où vous ne voyez qu'une interminable agonie, nous voyons une issue à vos douleurs.

Nous sommes vos champions, vos alliés, vos plus grands admirateurs et vos coaches spirituels. Nous sommes vos anges et nous vous aimons maintenant et à jamais. Comment pourrait-il en être autrement ? Sans amour, nous cesserions d'être. Et comme l'œuvre divine ne pourra jamais être effacée ou confisquée, l'amour ne s'amoindrira jamais. Et l'amour, vous le comprenez, c'est votre nature. Votre amour est immuable comme une flamme que le vent ne peut faire ployer. Votre amour *est* le bonheur, il *est* l'immortalité et possède tout ce dont il a besoin.

Effectuer un déplacement à vos risques et périls pour rentrer à la maison est inutile, puisque vous y êtes déjà. Tout ce dont vous avez besoin est prévu, et nous vous aidons à vous évader de vos créations cauchemardesques. Nous sommes avec vous dans cette prison bâtie par vous, vous pressant de choisir d'en sortir. Nous vous aidons à traverser les murs et à effectuer en toute sécurité le passage qui mène à votre totale liberté : liberté vis-à-vis de tous vos ennuis, soucis et problèmes.

Quelques-uns parmi vous préféreraient choisir une autre alternative, dans l'idée que la douleur est inévitable. Ou plutôt que la douleur est partie intégrante de ce processus que vous appelez « vie ». Eh bien, nous sommes ici pour attester qu'il y a une autre réalité. Que cet autre choix peut et doit exister et que vous pouvez éliminer les effets négatifs des autres choix avec votre volonté. Vous qui êtes tout-puissants, vous avez cette « clause échappatoire » inscrite dans votre être profond.

La douleur fait partie de la croissance – cela est vrai. Cependant, nous, les anges, vous proposons d'autres voies possibles. Car ultimement, vous avez déjà « grandi ». Vous êtes le produit de la création divine et comme tel vous êtes déjà accompli sur tous les plans. Que pourriez-vous apprendre de plus ? « Apprendre », c'est réellement « désapprendre » quand vous oubliez les idées reçues de l'ego. Vous diminuez l'attrait qu'il exerce et remplacez son point de vue par celui de votre moi supérieur. Grandir, c'est désapprendre le système de pensée de l'ego qui est dangereux et vous souvenir de votre origine divine. Pourquoi souffrir quand c'est l'ego qui est le premier pourvoyeur de la douleur ? Vous pourrez sûrement observer le cercle vicieux de l'ego qui cherche à vous fasciner avec sa boucle de croissance. Rien ne peut traverser le système de défense de l'ego et votre seule échappatoire consiste à aller de l'avant et vous rappeler l'amour.

L'amour divin a été et sera toujours la réponse à votre quête. Peu importe sous quelle forme il se présente, il est incontournable. Vous ne voudriez pas repousser cet amour et la considération qu'il a pour vous. C'est là le creuset de la Toute-Compassion que vous cherchez. C'est la bienveillance et le réconfort que vous implorez. C'est ici le summum des affinités spirituelles : c'est votre propre amour divin.

Retenez cela après avoir oublié toutes les erreurs logées préalablement dans votre conscience à propos de votre création. Grandissez en ayant à l'esprit votre origine divine. Apprenez et épanouissez-vous dans la paix en désapprenant la douleur et en vous souvenant de l'amour et vous démêlerez tous les imbroglios qui vous ont un jour piégé. Ne perdez pas une minute sans prendre conscience de cet amour palpitant qui bat régulièrement en vous comme des rythmes de tambour, parfaitement synchronisés avec les cascades de la joie divine.

Vous êtes la plus grande gloire de Dieu et de même que vous vous manifestez dans la conscience de ce simple fait, de même permettez à vos anges d'ôter toutes les douleurs accumulées lors de vos déplacements. Permettez-nous de dépoussiérer les mauvais souvenirs. Votre nouvelle allure vous attend, aussi gracieuse qu'une ballerine, aussi délicate qu'une aile de papillon et aussi résistante qu'une forteresse. Vous êtes chez vous, vous êtes à l'abri et vous êtes aimé. Maintenant et à jamais.

PREMIÈRE PARTIE

Messages de vos Anges

La respiration

Parlons de vos relations avec l'oxygène. L'air même que vous respirez en ce moment est rempli d'un désir de continuer sur votre chemin. Certains diront que le souffle est un réflexe automatique, mais, de notre point de vue, c'est un comportement qui vous engage, comme une confirmation de votre désir de rester sur terre.

Chaque souffle contient des informations encodées dans une structure moléculaire. Nous sommes en charge de cet échange d'informations. En effet, si vous continuez à vivre sur terre, vous avez besoin de subsistance et d'aide. Nous imprégnons chaque molécule de ce précieux oxygène avec des conseils et des instructions. C'est notre façon à nous de rester en contact avec vous, en vous.

Votre souffle est équivalent à une rencontre perpétuelle entre nous, les anges, votre niveau supérieur de conscience et votre moi terrestre. C'est une discussion autour de la table dans laquelle on planifie chaque mouvement de votre corps. Tout cela est basé sur vos intentions, comme vous voyez. Avec votre expiration, nous sommes capables d'extraire de vous ce qui n'est plus l'objet de votre désir. Et avec votre inspiration, nous vous insufflons une direction positive qui vous aide à persévérer là où vous voulez aller.

Plus fort est votre désir, plus fort est votre souffle. C'est pourquoi votre souffle devient plus profond dans les moments de vif désir et se ralentit dans les moments de faiblesse. Chaque fois que vous souhaitez effectuer un changement rapide dans votre vie, respirez profondément tout en étant conscient de votre désir. Vous pouvez terminer cela par quelques mouvements ou simplement par le souffle allié à la méditation.

Cette formule peut vous sembler simple, cependant nous pouvons vous assurer que c'est un pouvoir qui gît profondément enfoui dans votre subconscient. Nous vous voyons si souvent las et en quête de notre aide. Vous faites appel à nous, mais votre efficience est ralentie par votre souffle court et faible. Dès maintenant, adoptez une respiration profonde et lente quand vous nous appelez à l'aide. Vous sentirez notre présence à l'inspir.

Quand nous vous incitons à faire de l'exercice, nous le faisons en partie pour vous encourager à cette respiration profonde. Nous savons que vous avez remarqué que beaucoup de vos questions et de vos problèmes trouvent leur réponse à la fin de vos activités physiques. C'est parce que nous pouvons émettre profondément tout au long de votre exercice. Nous vous inculquons le confort, les conseils et de nouvelles perspectives sur la situation actuelle.

La conscience du souffle est quelque chose d'essentiel pour vous en ce moment. Respirez profondément dans le ventre et appréciez vos poumons qui se remplissent d'air. Faites attention aussi *où* vous respirez le mieux. Nous suggérons souvent de déménager dans un lieu où l'air sera de meilleure qualité. Plus vous vous oxygénez, plus nous pouvons communiquer avec vous. C'est pourquoi il est plus difficile de nous entendre quand vous privez votre corps d'oxygène avec des activités telles que : fumer, boire des boissons alcoolisées ou gazeuses, respirer des vapeurs toxiques et de l'air pollué.

C'est une raison de plus de vous demander de purifier votre air ambiant, car il amoindrit nos capacités à communiquer librement avec vous et avec tous les êtres. Nous reparlerons de ce sujet plus loin, car il mérite votre attention. À partir de maintenant, Cher enfant de Dieu, gardez votre équilibre en vous concentrant sur la force et la profondeur de votre souffle. Puis nous verrons quelles informations nous avons en réserve pour vous, des informations qui peuvent vous libérer de multiples manières.

La conception

L'union bénie de deux âmes pour en appeler une troisième, celle d'un enfant, compte parmi les actes les plus sacrés sur terre. Au niveau le plus profond, ce processus est conscient dans chacun des partenaires qui accomplit parfaitement son rôle. Comment pourrait-il en être autrement dans le plan parfait de Dieu ? Vous pouvez révéler ce merveilleux processus et l'élever au niveau conscient en vue d'augmenter votre joie et votre éveil.

La prise de conscience du processus de conception s'apparente à celle mise dans d'autres activités sacrées telles que la matérialisation, la guérison et le rêve intelligible. Cependant il existe un danger inhérent à mettre de la conscience dans chacun de ces processus. Le danger est ici de laisser s'installer l'ego pendant le processus. En d'autres mots, quand votre ego joue un rôle de leadership durant de tels instants, le processus devient alors un moyen pour lui d'établir son pouvoir, sa force et sa réalité.

L'ego vous presse d'accomplir, tandis que l'âme vous demande simplement de vous réjouir de ce qui se passe. Quand l'ego est aux commandes, il y a une sensation de contrainte comme si quelque chose *devait* avoir lieu. Le véritable but de l'âme est opposé à celui de l'ego ici. Car l'âme se satisfait purement et simplement de ce qui arrive. Elle ne cherche pas à se mettre en valeur, comme l'ego le fait.

C'est pourquoi tant de couples qui désirent profondément un enfant ne peuvent en avoir. Ils ont laissé la contrainte et l'inquiétude s'immiscer dans le processus sacré de la conception, au lieu d'éprouver un éveil dans la joie. Il n'existe nulle part de situation plus orientée sur le « laissez aller et laissez faire Dieu » que la conception d'un enfant. En lâchant prise, vous supprimez toutes les tensions qui contrecarrent votre but de porter un enfant ! Partagez cette gratitude durant l'union et vous ouvrez une voie royale pour l'âme de l'enfant à venir.

L'âme d'un enfant est réticente à venir au monde quand elle sent la contrainte dans l'esprit de ses parents. Elle recherche un moment de paix, de joie pour que le fœtus soit créé d'une manière optimale dans ces conditions généreuses. Pourquoi un enfant souhaiterait-il voir son corps conçu dans des conditions aussi ardues, alors qu'il recherche la meilleure chance de prospérer et devenir fort ? Il préfère venir en un moment où l'union repose sur un tendre amour. Alors, l'utérus de la mère est chaud et accueillant et l'enfant se glisse avec joie dans le processus de l'élaboration de son corps.

Seul un enfant impliqué dans un scénario de douleur et de souffrance pourrait souhaiter naître quand ses parents sont crispés sur l'acte de conception. Un tel enfant aura dans sa vie de nombreuses occasions de remarquer et de corriger ce départ. Il est bien meilleur pour tous que la vie commence sur une note de paix.

Quand l'union intervient avec le désir d'enfantement, il est alors sage pour les parents de s'assurer que leurs cœurs sont remplis de joie et de gratitude. Ils s'en remettront à la sagesse de la décision de leur enfant de se présenter au meilleur moment. Plutôt que de forcer les événements, ils se serreront mutuellement dans les bras en remerciant pour cet acte parfait. Enveloppé d'affection, l'utérus palpite avec cet amour irrésistible pour l'enfant à venir. Avec cette attirance et ce désir mutuel, la conception d'un enfant est inévitable.

Les chers disparus

La tristesse que vous éprouvez en songeant à ceux que vous aimez et qui ont quitté le plan terrestre est apparentée à celle ressentie face à n'importe quel changement que vous appréhendez en souhaitant que ce ne soit pas ainsi. Vous éprouverez plus de peine en refusant d'accepter que cette transition est à la fois une nécessité et une bénédiction. Vous maudissez l'inéluctabilité de la naissance et de la mort et souhaitez un scénario qui ne peut pas exister.

Vos proches ne sont pas injoignables – ni maintenant ni jamais – car les âmes communiquent constamment l'une avec l'autre, en particulier quand il y a des liens familiaux. Ce lien vous maintient de toute éternité proches les uns des autres à travers toute l'existence. Comment pourrait-il en être autrement quand votre âme elle-même vous dit qu'il en est ainsi. Votre âme, incapable de caprices ou de mensonges, sait que tous ceux que vous aimez – que ce soit sur le plan terrestre ou au-delà – sont en ce moment même revêtus de la plus grande gloire de Dieu. Vous dont le regard est sans joie, êtes enveloppé de la Bienveillance de Dieu comme d'un bouclier qui vous protège de ce froid né de la sensation d'une extrême solitude. Votre peine elle-même est une sorte de consolation et cependant, nous vous sollicitons de reconsidérer votre décision.

En effet, le lien véritable avec ceux que vous aimez prend sa source dans son rattachement à l'éternelle joie de Dieu. Quand vous faites passer cette joie à ceux que vous aimez, le lien devient si fort qu'il se passe de mots. Tous ceux qui sont concernés le ressentent, au niveau de la conscience ou autrement. Ce lien est la consolation que vous recherchez, Très Cher.

Quand vous êtes dans la peine, vous n'êtes sûr que d'une seule chose c'est qu'elle va croître. Nous ne pouvons vous aider quand vous avez décidé de rester dans cet état. Nous nous tenons simplement à vos côtés prêts à vous seconder du moment où vous en aurez assez.

La distance qu'il y a entre la peine et la joie peut sembler immense à franchir et c'est pourquoi vous avez besoin de notre aide. En un temps record, nous pouvons aider votre cœur à se connecter réellement avec vos chers disparus à l'endroit où ils se trouvent habituellement. Leur âme – comme la vôtre et toutes les autres – vit dans l'éternité en union avec Dieu. Et ce lieu, si on veut lui donner un nom dans votre langue, est appelé « Joie ».

Quand vous demandez comment sont vos chers disparus, vous cherchez en fait à savoir s'ils sont heureux ou s'ils souffrent. Vous posez cette question aussi parce que vous craignez de les avoir déçus d'une manière quelconque. Vous vous sentez inquiet et coupable en même temps que peiné, et il n'y a personne pour vous réconforter. Nous pouvons vous aider à voir que vos bien-aimés, comme vous-même, êtes enveloppés de joie.

Pour cela, nous avons cependant besoin de quelques instants de tranquillité avec vous dans un lieu calme et paisible. Quand cela est fait, appelez vos anges pour qu'ils vous aident à vous mettre en contact avec ceux que vous aimez. Nous vous demandons de respirer profondément, de diriger le regard sur votre cœur et de le remplir de joie. Nous vous demandons de vous souvenir de tous les moments heureux passés avec vos proches. Et alors que votre cœur se réchauffe et s'enfle, vous sentirez se raffermir le lien avec vos proches. Vous les rencontrez dans un lieu de joie, celui-là même que vous avez créé avec votre cœur.

Et par la suite, même sans notre aide, vous pourrez rencontrer vos proches dans ce lieu consacré par la joie. Ne vous souciez pas de transgresser des lois quelconques avec cette réunion, car vos âmes sont baignées dans la joie, en dépit des apparences contraires. Lorsque vous vous rendez avec cette sensation de conscience à ce lieu saint de rencontre, vous avez avec vous les bénédictions du ciel. Vous en revenez raffermi et rassuré, et vos doutes ont fondu comme neige au soleil. La joie est tout ce qui existe. Le reste n'est qu'une préoccupation de l'ego indigne de vous.

De tout temps, vos proches vous ont aimé. En tout temps, vos proches manifesteront cet amour pour vous. Pas de place pour quelque colère, douleur ou souffrance que ce soit, vos proches vous prient de dédier votre vie et votre emploi du temps à l'établissement de la paix sur terre.

La guérison émotionnelle

Vous êtes nombreux à avoir été blessés dans l'enfance et ces blessures semblent encore vives. C'est seulement parce que vous n'avez pas pris le temps de vous arrêter et de les analyser, et elles vous préoccupent. En gardant à l'esprit des questions sur votre situation antérieure, la vie cherche à vous répondre en vous offrant des situations porteuses de réponses. Vous pouvez appeler cela un « schéma d'abus », mais la vie qui est neutre cherche simplement à répondre à des requêtes telles que « Pourquoi moi ? ».

Vous faites revenir des situations semblables en vous focalisant dessus dans vos pensées et votre conscience. Il est sûr et certain que vous devez saisir la vérité de nos propos. Comme vous vous rendez compte de cette vérité, la prochaine réponse à vos questions est que vous en avez fini avec cette répétition. Et au lieu de poser des questions sur votre passé, vous allez chercher à créer un temps présent rempli de joie et de paix. Nous attendons cette décision de votre part. Nous ne pouvons sûrement pas vous guérir malgré vous.

Combien de fois vous êtes-vous attendu au pire et la vie a rempli infailliblement vos attentes ? Voyez-vous, à l'aide de ces exemples, la profondeur de votre pouvoir à contrôler de telles scènes ? La guérison émotionnelle ne signifie pas s'appesantir sur sa blessure, mais au contraire contempler le monde avec des yeux guéris. Nos paroles ne sont pas dures envers vous parce que nous compatissons beaucoup à votre souffrance. Nous cherchons seulement à vous sortir de l'ornière de vos anciennes blessures afin que vous puissiez expérimenter la liberté que vous recherchez.

Tant de gens restent figés dans des situations antérieures, cherchant leur signification ou pis la vengeance. Éloignez-vous de telles tentations, Être béni, et engagez-vous dans un nouveau style de vie. Votre moi profond n'est nullement apeuré ou blessé, il est pleinement confiant dans le fait de vivre une vie paisible dont tous pourraient bénéficier. Alors, ici, *guérison* veut dire *révélation* de ce qui était déjà en puissance. Ce que vous mettez dans votre cœur doit venir au jour. Si vous cherchez une confirmation de votre blessure, vous allez sûrement la trouver. En revanche, si vous cherchez une confirmation de votre force intérieure et de votre pouvoir, vous les trouverez tout aussi bien.

Guérissez, alors, à travers l'engagement que vous prenez de révéler votre essence divine qui est vôtre en vérité. Guérissez vos cicatrices émotionnelles et allez de l'avant dans une nouvelle direction, une de celles qui s'appuient sur votre magnifique force intérieure, une de celles qui se transformeront en un don pour aider les autres en toutes occasions et en fonction de leurs difficultés et une de celles qui rendent justice à votre moi supérieur.

~

L'exercice

Nous avons essayé tant de fois de vous encourager à prendre soin de votre corps et tant de fois nos efforts ont été contrecarrés. Tout ce que vous faites a comme résultat que votre corps perd sa tonicité et ne se développe pas. L'effort pour faire de l'exercice s'amenuise devant la force avec laquelle vous résistez au conseil. Nous pourrions vous motiver des milliers de fois encore, cependant celles-ci seront anéanties face à votre décision de toujours remettre au lendemain.

N'attendez plus, Enfant béni, car vous avez reçu un corps qui, au fil du temps, doit être mis au service de Dieu et de sa Lumière. Votre état de joie culmine à un haut niveau, cependant le véhicule terrestre appelé corps doit être maintenu en bon état en vue d'aider à remplir la mission. Ignorer votre corps c'est le laisser dans un besoin perpétuel d'air et de mouvements, indispensables tous deux pour sa survie.

Le corps a été conçu dans le mouvement et a été créé à travers ce processus pendant l'union de vos parents. Il a bougé à l'intérieur de l'utérus de votre mère et sa vie durant il recherchera le mouvement. Cependant, c'est votre âme supérieure qui contrôle la force et la durée des mouvements corporels. Elle peut limiter les mouvements de votre corps par sa seule volonté. Et à cause de cela, votre corps se recroqueville et souffre.

Le mouvement est un aliment essentiel pour votre corps, Très Chers. Ce message est valable en tout temps quoique encore plus à cette époque. Peu importe la forme que ce mouvement prendra, c'est du mouvement pour le mouvement que votre corps a besoin.

Prenez n'importe quel prétexte alors pour bouger. Montez un escalier, faites une promenade, marchez sur place. Le mouvement est essentiel aux progrès de la Lumière dans l'éveil de la conscience humaine.

Le père

Il y en a tant parmi vous qui ont des relations médiocres avec leur père, lesquelles proviennent d'une relation médiocre avec votre côté masculin. Car vous voyez, en dépit de votre codage génétique, votre côté masculin est inhérent à la condition humaine, de même que votre côté féminin coexiste également. À ce point-ci de l'histoire humaine, le côté féminin est prééminent et se fait reconnaître. Il existe un risque de déséquilibre si vous permettez au côté féminin de dépasser le côté masculin, aucun des deux n'est supérieur à l'autre et la présence des deux est nécessaire à votre équilibre et à votre épanouissement.

Votre père a éprouvé d'énormes difficultés pour vous éduquer en cette période de transition où la « comédie humaine » a cessé d'honorer le mâle et d'être à ses pieds de multiples façons. Cette transition fut horrible pour votre père qui n'avait aucun moyen de prévoir ou de comprendre ce bouleversement dans l'histoire humaine. Tout ce qu'il savait c'était que sa masculinité était rejetée et considérée comme étrangère et inacceptable. Et cependant elle est partie intégrante de son identité. Sans possibilité de changer de cap, votre père s'est refermé sur lui en nourrissant une haine contre lui-même. Il était découragé et son cœur brisé.

Pour vous épargner sa présence, il s'est tenu loin de vous et de ses enfants. Il a continué de jouer son rôle de pourvoyeur aux besoins de sa famille tout en se sentant lui-même diminué. Il n'avait aucune idée de sa véritable valeur, à la fois comme enfant béni de Dieu et protecteur de sa famille de multiples façons. Vous, mon enfant, avez souffert des propres mains de votre père à cause de son manque d'éveil. Il ne connaissait pas l'amour, ni comment le témoigner d'une manière satisfaisante. Puis, vous avez réorganisé votre vie avec un effort héroïque pour démontrer votre supériorité pour que la fierté de votre père ne puisse l'emporter sur la vôtre. Cependant, vous évitez toujours de faire face à la plus effrayante des vérités, à savoir que votre père ne pouvait pas vous aimer ni vous apporter ce que vous espériez.

Ainsi vous avez en vain recherché son approbation et, las et fatigué de vos efforts, vous vous êtes arrêté au moment où vous auriez pu recevoir quelque chose. Et maintenant allez-vous cesser de vouloir capturer l'insaisissable, Bien-Aimé ? Comprenez-vous maintenant combien votre père vous a estimé autant qu'il a pu mais qu'il ne pouvait l'exprimer verbalement ? La raison tient à cette transition sociale qui a dévalué les hommes, Très Cher. Cette chute brutale dans la valorisation de sa propre masculinité a fait qu'il s'est retrouvé sans avoir de place dans votre vie, sans avoir un impact quelconque. Alors, à la place, il s'est déchargé des soins de l'enfance sur votre mère qui n'était pas non plus assurée de l'importance qu'elle avait dans votre vie. De votre côté, vous qui cherchiez une approbation sans réserves, de la chaleur et de l'amour, avez présumé que vous alliez errer longtemps avant de gagner l'amour et l'approbation de vos parents. Vous vous êtes demandé : « *Qu'ai-je fait de mal pour qu'ils me rejettent ?* »

Enfant chéri de Dieu, vous n'avez rien fait de mal, et nous vous assurons que vous pouvez être entièrement aimé, maintenant et pour toujours. Pardonnez à votre père, pardonnez-vous à vous-même. Rentrez dans l'éternité avec un cœur content, sachant que vos véritables père et mère dans le ciel vous aimeront et vous réconforteront toujours.

Le pardon

Le pardon met un terme à la souffrance née d'une colère rentrée contre vous ou les autres. Il permet de laisser l'air sortir de cette outre gonflée prête à exploser. Quand vous décidez que quelque chose de mauvais est arrivé – quel qu'en soit l'instigateur – vous gardez en vous cette situation. Cette perception du « mal » que vous retenez en dedans de vous-même est comme un virus qui attaque votre corps. Il est impossible de percevoir le mal et de le garder dans sa conscience sans qu'il n'y ait d'impact négatif sur vous.

Le pardon libère votre système de ces occupants indésirables, vous délivrant de la douleur. Quand nous parlons de pardon, nous voyons des efforts dans cette direction tourner court. En effet, le pardon assorti de jugement est inefficace. Se libérer signifie laisser de côté tous les jugements négatifs. Confiez cette situation à Dieu et aux anges et sachez qu'ils vous guideront, vous et tous ceux qui sont concernés. De cette manière, vous n'aurez pas besoin d'être l'instigateur ou le juge de cette situation et de ces gens, qu'ils soient les « agresseurs » ou les « victimes ».

Vous avez reçu le pouvoir de guérir, un pouvoir si admirable que si vous jetiez vos yeux dessus, vous tomberiez à genoux devant cet immense cadeau du Créateur ! Votre volonté d'utiliser votre pouvoir de guérir est un puissant stimulant pour permettre au pardon de dominer. Vous ne pardonnez pas à cause de quelque prescription, mais bien parce que vous avez le *pouvoir* de pardonner. Vous ne pardonnez pas pour perdre ou gagner quelque chose, mais parce que vous *pouvez* pardonner. Votre pouvoir est si grand que vous avez la capacité de tout oublier… vraiment tout.

Pardonnez-vous à vous-même, Cher Enfant de Dieu, à cause des jugements sévères sur votre existence. Vous avez choisi des moments de votre vie pour les juger durement et avec méchanceté. Cependant, est-ce un moyen de vous guérir vous et les autres ? Un tel jugement vous éloigne-t-il de la Lumière ? Le seul jugement valable est celui-ci : dans chaque situation, posez-vous la question de savoir si chaque pensée, chaque mot, chaque acte augmente ou diminue votre éveil à l'amour.

La liberté

En ce moment, nous voyons que vous payez très cher votre liberté. Vous ignorez la liberté une grande partie de votre temps et puis vous commencez à la réclamer. À ce point-ci, vous ferez n'importe quoi et paierez n'importe quel prix pour retrouver la liberté. Cependant la liberté est vôtre en tout temps. Renégociez avec vous-même une nouvelle définition de la liberté.

En de nombreuses occasions vous vous êtes vu dans un coin en train de compter des dettes résultant de l'entassement de biens qui étaient censés contribuer à votre liberté. Ne voyez-vous pas l'ironie de ce cercle vicieux ? Quand vous acquérez des biens ou des expériences pour vous sortir de cette sensation d'esclavage, vous ne faites que créer de nouvelles barrières autour de vous. Franchissez ces barrières qui vous retiennent emprisonné, Très Cher ! Vous n'avez pas besoin d'être capturé ou contrôlé car votre vouloir est absolument libre à l'égal de celui de votre Créateur.

Vos restrictions viennent en premier lieu de votre croyance dans le travail comme facteur de liberté. Ne voyez-vous pas l'ironie sous-jacente de cette croyance ? Le travail peut encourager cet esclavage dont vous cherchez à sortir ! Réfléchissez soigneusement avant de signer un contrat quelconque avec un employeur. Nous en voyons bien trop parmi vous qui échangent un temps précieux contre un maigre salaire qui donnera à peine de quoi survivre. Beaucoup d'entre vous aussi deviennent leur propre geôlier à travers cette servitude que vous appelez « le travail à son propre compte ».

Ne voyez-vous pas qu'une réponse toute simple gît là sous la surface ? Elle s'appelle « l'autodélivrance ». Elle provient de ces doses saines de liberté que vous vous offrez à vous-même en choisissant une vie simple, en réduisant vos dépenses et en allégeant le taux de vos dettes.

Quand vous contractez une dette, vous hypothéquez votre futur, ce qui vous plonge dans l'ombre de la servitude temporelle. C'est le cycle même dont nous parlons : vous prenez un emploi qui ne génère que de l'insatisfaction. Vous achetez des biens au-dessus de vos moyens pour vous aider à vous sortir de votre situation. Et cependant vous êtes obligé de rester là où vous êtes pour remplir vos obligations financières. C'est la voie de la misère complète, de l'incompréhension, et des préoccupations nées du gaspillage de temps. Ne voyez-vous pas les grands projets qui vous attendent ?

Vous pouvez être aussi libre que l'oiseau, sans contrainte ou limite de temps. Vous pouvez l'être maintenant ! La seule restriction se trouve dans la limite de vos croyances qui vous empêchent de sortir de cet auto-emprisonnement.

Pensez un moment à ce qui pèse lourdement sur votre âme : les situations, les relations, les obligations, etc. Puis figurez-vous ce que pourrait être un nouveau scénario. Comment vous sentiriez-vous si vous étiez libre ? Ne vous inquiétez pas sur *la façon* dont cela va arriver. Réjouissez-vous simplement de la liberté sur le plan mental ou émotionnel. Ne posez pas de questions, n'y pensez pas, ou ne vous demandez pas comment elle va survenir. Placez simplement cette liberté au creux de vous et dans votre cœur et imaginez ce que cela peut être. N'ébruitez pas cette liberté nouvelle. Gardez-la pour vous. Et au moment où cela passera sur un plan d'éveil, alors soyez vigilant devant toute tendance à remplacer votre nouvelle liberté par un esclavage supplémentaire.

Vous avez en main la clef de votre prison en imaginant la porte de celle-ci grande ouverte. Pouvez-vous vous autoriser à imaginer cette liberté, Très Cher ? Nous prions pour qu'il en soit ainsi parce que dès que vous ouvrez grandes les portes de votre prison, vous permettez aussi aux autres de sortir de la leur.

La gratitude

La gratitude est la clef d'une vie exempte de contradictions. Vous n'avez plus à vous soucier des hauts et des bas quand seule la gratitude vous importe. Cependant, parlons un peu de ce terme qui est parfois mal compris. La gratitude est souvent confondue avec l'humilité dont vous faites preuve en remerciant pour des cadeaux. C'est sûrement une des facettes de la gratitude, mais le plus sûr moyen de vivre une existence harmonieuse, c'est la gratitude qui vient du cœur.

Ce que nous voulons dire, c'est ceci : en plus de témoigner de la gratitude à autrui, faites en sorte de vous en témoigner à vous-même. Le centre de votre cœur est illuminé par l'amour quand vous lui rendez grâce pour le simple fait d'exister. Que votre clarté intérieure resplendisse de plus belle ! Remerciez votre propre âme (que vous appelez votre « moi supérieur ») de vous procurer soulagement et consolation. Remerciez Dieu pour que votre amour se développe en un vaste cercle de contentement.

Voyez-vous maintenant la différence entre cette approche centrée sur le cœur et la gratitude ? Dans un cas, vous remerciez pour ce qui vous a été donné de l'extérieur de vous-même. Cependant c'est tout sauf une manifestation de la clarté interne. Ne considérez pas Dieu comme séparé de celle-ci. Sachez qu'il a créé et continue d'alimenter ce feu souterrain. Votre lumière ne peut jamais être éteinte : ne l'oubliez pas. Votre seule tâche est de vous assurer qu'elle brûle de façon plus brillante, vous permettant de rayonner auprès de tous ceux qui la verront.

Quand vous témoignez de la gratitude à votre lumière intérieure, vous attisez ses flammes avec votre adoration. Cela réchauffe votre gratitude et l'encourage à croître plus largement et plus brillamment. Et de même que votre lumière s'étend, de même vos réalisations extérieures s'accroîtront. Vous aurez beaucoup de gratitude à exprimer dans ce processus – nous pouvons vous le certifier.

Ne vous inquiétez pas, Cher Enfant, que cela puisse être une façon égocentrique d'adorer et de rendre grâce. Souvenez-vous que la source de votre lumière spirituelle est Dieu, que vous adorez. N'oubliez jamais que la divine lumière de Dieu brûle en vous maintenant et à jamais. Et quand vous remplissez cette lumière avec de l'adoration, c'est comme si vous aviez allumé un millier de bougies dans le palais de l'âme.

Notez soigneusement tout ce qui vous arrive quand vous vous engagez dans ce processus. La première chose sera la joie, suivie par une sensation de sécurité et de paix. Vous conviendrez que c'est important, n'est-ce pas ? Puis au fur et à mesure que vous bénissez le centre de votre cœur, vous allez assister à des changements dans votre style de vie. Vous pourrez trouver une telle richesse d'émotions qu'il vous sera impossible de la vivre immédiatement. Quand cela arrive, cherchez un endroit paisible avec vos êtres chers ou nous, les anges. Vous éprouverez une grande empathie de notre part et découvrirez de nouvelles entreprises intéressantes. Vous recevrez de nombreuses opportunités et des biens qui pourront vous aider dans votre vie.

Votre lumière spirituelle possède un autre avantage, celui d'éliminer les vibrations négatives des expériences qui se présentent à vous. Quand les événements extérieurs semblent contrecarrer votre joie, vous pouvez vous figurer les erreurs, la douleur ou les ennuis en train d'être consumés dans le brasier de votre flamme puissante. Vous avez ce pouvoir au centre de votre cœur comme un don de Dieu durant votre parcours ici-bas… pour vous guider, se manifester à vos yeux et pour écarter toute défaillance au cours de votre vie.

La culpabilité

Quand le poids de la culpabilité pèse sur votre esprit, le Ciel se désole en votre nom pour cette malencontreuse décision de vous détrôner vous-même. Ne voyez-vous pas l'innocence éternelle dont est doté chaque enfant de Dieu ? Au moment où vous choisissez de voir en vous de la « malignité », un cycle se déclenche. D'abord, votre propre âme (que vous appelez souvent votre « moi supérieur ») frissonne à l'idée qu'elle a pu commettre une bévue, vous causer du déplaisir, et vous pousser à la vengeance. Quand votre âme frissonne, votre lumière intérieure pâlit. Cela réduit votre pouvoir et votre efficience dans le monde – pas dans la réalité mais dans la représentation que le monde se fait de vous. Ceux qui ont un naturel égoïste peuvent alors vous agresser, comme une bête sauvage se jette sur une proie faible et malade.

Votre culpabilité est un avis de deuil qui vous met dans un état de malaise et même en grand danger. Car la culpabilité attend toujours une semonce et ne s'arrête que lorsque la punition intervient. L'âme tenue en bride par la culpabilité cherchera la peine pour apaiser et atténuer ses erreurs. Cela va créer un état d'esprit négatif, rempli d'intentions négatives. Votre esprit attend la punition, aussi vous commencez à scruter l'horizon, dans l'attente de la *trouver*. Et vous savez que quelle que soit la chose que vous cherchez vous la trouverez. Il est aussi exact cependant que vous allez créer et attirer ce que vous cherchez. Une âme tenue en bride par la culpabilité va créer et attirer des situations négatives l'une après l'autre. Votre propre âme décidera que vous méritez cette peine et continuera à en attirer de plus en plus et sans fin.

Aussi voyez-vous le danger qu'il y a à s'accrocher à la culpabilité ? En vérité vous n'avez commis aucune erreur et vous ne méritez aucune punition d'aucune sorte. Il n'y a aucune faute humaine que vous pourriez commettre qui pourrait défaire l'œuvre éternelle de Dieu. Il vous a créé parfait et vous n'avez pas le pouvoir de vous rendre imparfait – même si vous essayez de toutes vos forces !

Vos fautes terrestres ont pu être épouvantables et avoir causé du chagrin, mais Dieu vous considère toujours non coupable. Dans ses yeux, vous et les vôtres êtes les êtres les plus magnifiques de l'univers. Dieu et les anges voient au-delà de vos fautes ici-bas et ne regardent en vous que la flamme éternelle de l'amour divin. Nous savons que c'est le seul atout qui vous aidera. Nous nous fixons sur la part divine en vous, nous augmentons la taille et l'intensité de votre lumière intérieure. Cette lumière plus grande dans le fond de votre âme est le seul remède à vos fautes, Très Cher. Elle seule peut vous aider à sortir de situations négatives. C'est la lanterne qui éclairera votre chemin jusqu'au bonheur.

Dites en vous-même : « Je suis tout amour ! Je suis tout amour et lumière ! » Voyez cela et sachez que c'est vrai. Et chaque fois que vous serez tenté de chercher la peine ou la punition, souvenez-vous de nos paroles.

La guérison

Il n'y a rien qui ne soit déjà guéri excepté dans l'illusion de la maladie. Quand vous vous focalisez sur le problème du moment, vous l'agrandissez dans tous les sens du mot. Ne lui permettez pas de vous agresser, alors que vous attendez quelque récompense pour votre compassion envers vos problèmes et ceux du monde. La compassion que vous témoignez n'a pas été perdue ou négligée. Elle a simplement changé de forme. Et ce qui est maintenant demandé, c'est un nouveau genre de compassion, Bien Aimé. Ceci implique de laisser en arrière l'illusion que vous appelez problème. Peut-être connaissez-vous cette loi fondamentale en métaphysique : ce sur quoi vous vous focalisez grandit et grossit inévitablement. Pourquoi alors pensez-vous que votre compassion négative pour les problèmes aideront ceux-ci à se résoudre ?

À l'inverse, pourquoi ne pas se focaliser sur une compassion *positive* dans laquelle vous imaginez que le problème est déjà réduit et résolu ? Ne pensez pas que par là vous allez usurper le pouvoir de Dieu. Cette compassion positive s'applique tout simplement à des êtres d'essence divine. Cette perfection est déjà présente dans l'énergie vitale que vous respirez. Et en se focalisant sur des solutions au lieu des problèmes, vous replacez l'énergie vitale dans sa direction naturelle.

Considérez la situation, quels que soient son apparence et son contenu, comme déjà résolue. Remerciez qu'il en soit ainsi. Et acceptez cette résolution dans votre cœur, sans considérer son sujet ou sa logique. Une seule once de foi peut extraire des solutions contenues implicitement dans tout ce qui ressemble à un problème.

Ceci est vrai pour tous les êtres vivants, que ce soit dans les eaux, l'air ou dans le corps du plus minuscule ou insignifiant organisme. Gardez au plus profond de vous cette vérité que la maladie ne peut exister en face de l'amour et vous révélerez la plus grande vérité qui soit.

La guérison du corps

Guérir, c'est choisir de partager l'amour qui est en nous. Partager cet amour signifie s'engager et se décider. Quand vous prenez une telle décision et un tel engagement, vous créez naturellement des voies d'accès pour le faire. De la même façon vous ôtez tous les obstacles qui se dressent sur votre route. Quand le partage de l'amour est votre principale priorité, vous prenez les moyens de vous assurer qu'il portera ses fruits.

Vous allez guérir votre corps, votre vie et votre esprit parce que ce sont les outils qui vous permettront de partager l'amour avec les autres. Faites-le dans ce but et vous verrez que la guérison arrive à grands pas ! Guérir, ainsi que nous vous l'avons précédemment expliqué, veut dire plus précisément « se révéler », c'est là toute la vérité derrière ce principe.

La guérison, bien comprise, signifie simplement programmer une décision ferme en direction des priorités de votre moi supérieur. Quand vous vous soumettez aux fantaisies et diktats de votre ego, vous laissez la peur s'installer en vous. La conscience que vous avez de vous s'affaiblit, alors que la force est l'apanage d'une créature de Dieu. Dieu ne vous a pas créé toute faiblesse – c'est vous qui l'avez fait avec votre décision de laisser la faiblesse prendre le dessus sur la force. Et vous pouvez infléchir cette tendance en vue d'obtenir des résultats différents.

Vous accédez à la révélation avec un cœur rempli de reconnaissance envers la puissance divine. Vous possédez déjà tout ce dont vous avez besoin et nous vous avons fait vous souvenir de cette vérité essentielle. La voie de la guérison est accessible en tout temps : il est nécessaire que vous le proclamiez parce que vous souhaitez plus de temps et plus d'énergie pour remplir vos devoirs sacrés. Votre décision claire et ferme vers la santé ne peut souffrir d'obstacle, Enfant de Dieu. Votre pouvoir indiscutable repose sur votre décision, votre intention et votre engagement. Il n'y a aucune force qui peut s'opposer à la vôtre. En cela, votre volonté et celle de Dieu cohabitent en parfaite harmonie.

L'épuisement au travail

Beaucoup d'entre vous se tournent vers le Ciel pour être aidés à sortir d'emplois auxquels ils ne peuvent plus faire face. C'est le bon moment pour travailler avec vos anges qui par définition dispensent la liberté. Nous savons combien vous vous sentez mal sur votre lieu de travail et que vous cherchez un moyen pour être en phase avec vos rythmes biologiques. Vous rêvez de monter une affaire ou bien que votre carrière va magiquement vous rendre autonome et satisfait. Vous avez laissé proliférer votre situation actuelle et cependant, vous ne pouvez pas vous permettre de laisser cet emploi.

Dans cette perspective d'insécurité financière, qui pèse tant sur vous, vous êtes à court de temps, d'énergie et de l'inspiration qui pourrait vous aider à entreprendre quelque chose de neuf. Vous restez coincé et votre âme succombe de fatigue, incapable qu'elle est de sortir de cette usure quotidienne. Votre lassitude s'ajoute aux moments trop longs passés à l'intérieur, une combinaison explosive, à coup sûr. Tout cela donne un mode vie artificiel et nous sommes heureux de voir que vous et d'autres essayez d'avoir un mode de vie plus naturel, ou du moins en faites l'effort.

Retrouvez des moyens naturels auxquels vous faites confiance et suivez ce que dicte votre cœur. Rester dans une vie artificielle signifie refuser de suivre le chemin de l'amour et mettre des barrières autour de votre âme. Mais vous ne pouvez pas placer l'amour dans une boîte, l'enfermer et s'attendre à ce qu'il illumine ! Vous qui avez tant à donner à ce monde ne laissez que la victimisation comme héritage quand vous faites ainsi défaut à vous-même. Qu'enseignez-vous à vos enfants : la délégation de pouvoir ou la victimisation à travers votre approche du travail ?

Si vous désirez quelque chose, vous avez les moyens de l'obtenir. Vous n'avez qu'à être clair sur ce que vous voulez, prier pour des conseils et vous motiver pour prendre les mesures nécessaires qui vous ont été conseillées. Refuser cette issue, c'est refuser la divinité en vous. Vous n'êtes victime d'aucune illusion de fausse sécurité sauf si vous vous mettez dans cette situation. Nous vous fournissons un plan de sortie facile et progressif, ou bien nous vous aidons à guérir d'une situation intolérable pour que tous ceux concernés puissent être bénis.

Il n'est pas nécessaire de se mettre en colère, de devenir impulsif ou frustré. Vous avez en main la clef qui ouvre tout de suite votre prison. Et vous n'avez qu'à hardiment mettre la clef dans la serrure pour vous échapper. Le pouvoir vous est disponible à tout moment. Quantité de solutions n'attendent qu'un geste à la seule condition que vous syntonisiez votre esprit en mode « décisions » au lieu de « problèmes ». Espérez dans votre amélioration et dans celle des vôtres. Le désespoir n'est créateur que d'impasses. Dieu ne peut pas faire entrer de force la solution en vous, mais il attend vos prières pour vous conseiller et vous aider à atteindre un heureux dénouement.

Vous avez tant à offrir au monde, Très Cher ! Vous avez bien plus de talents que vous ne le croyez. Quelques-uns d'entre eux requièrent de votre part du perfectionnement, de la patience et de l'entraînement. Cependant, ces talents sont bien vôtres. Il y a aussi la racine de vos passions qui forme le soubassement de votre projet de vie. Vous avez le pouvoir, en vous focalisant sur votre intention, de créer une carrière qui s'enracine dans votre projet de vie. Il n'y a pas de carrière plus heureuse !

Nous prions pour que vous sachiez que vous êtes qualifié, que vous méritez cette carrière passionnante et pleine de sens. Nous prions pour que vous nous appeliez et que vous suiviez ce qui est conseillé. Nous prions pour que la confiance vous accompagne.

Le chemin de la vie

À tout moment dans votre vie, vous avez des occasions de rendre service et aussi d'être joyeux. Votre contribution peut s'adresser à toute la planète ou à chacun de ses habitants. Une des raisons qui fait que nous, anges, sommes si joyeux est que nous sommes perpétuellement en train de rendre des services. Cela ne veut pas dire se considérer comme un martyr ou une carpette. Oh non, loin de là ! De telles connotations négatives interviennent quand le don vient d'une obligation ou d'un sentiment de culpabilité. Ce type de don ne rend service ni au donateur ni au récipiendaire. Mais donner à partir d'un sentiment d'abondance où vous savez que vous avez tant à donner vous apporte à tous de la joie. Nous ne pensons pas seulement à des *dons* matériels. Le don comme la contribution peuvent être de nourrir un animal affamé, ou de sourire à un enfant seul. Et en faisant cela, l'abondance vous est *offerte*.

Scrutez l'horizon pour trouver des occasions de contribuer et elles se présenteront spontanément à vous. Des anges sont là pour vous aider dans votre mission, alors travaillez avec eux et n'hésitez pas à nous appeler. Vous avez tant à donner et cependant vous ne le voyez pas si vous ne le faites pas d'une manière volontaire et délibérée. Cela émiette votre estime de soi, parce que c'est seulement à travers le don que vous aimez votre vie et votre Dieu. L'amour de Dieu se reflète sur l'amour de votre moi supérieur, ce qui élève votre opinion de vous-même, non pas d'une manière condescendante ou arrogante mais d'une façon qui reconnaît l'amour en soi.

Le chemin de votre vie alors tient à la découverte de votre vraie nature à travers le service et le don. N'hésitez pas à donner, sans attendre quelque occasion idéale ou adéquate pour le faire. Cherchez maintenant et découvrez celle qui attendait patiemment votre intervention. Plus vous donnez, plus vous recevrez en vérité, et pourtant cela reste à l'état d'idée reçue s'il n'y a pas d'actes derrière les paroles. Expérimentez votre don et découvrez vous-même les résultats. De cette façon, vous connaîtrez la vérité de nos paroles. Vous êtes un donateur et vous avez amplement de quoi le faire.

Soyez attentif aux dons qui vous arrivent chaque jour. Ne résistez pas à la plénitude dont Dieu vous gratifie. Par ces dons librement acceptés, vous savez que vous êtes béni amplement. Et vous aurez ainsi la confiance nécessaire pour continuer à donner… d'une manière libre et joyeuse.

« Lightwork »

Parce qu'il n'y a pas de temps à perdre (il est temps de commencer, selon la mesure du temps dans ce monde, c'est *maintenant* que nous sommes concernés), nous vous demandons d'être réceptif à nos missions. Nous vous garantissons qu'elles ne sont pas au-delà de vos intérêts ou de vos aptitudes et que même beaucoup d'entre elles sont plaisantes. Elles vous permettront certainement de vous rapprocher de cet endroit que vous appelez le « foyer ».

Vous vous inquiétez de savoir si vous allez réussir dans une telle démarche, mais ceci est le fruit d'idées reçues sur le succès, avec des indicateurs tels que les diplômes, les primes et l'avancement. Dans le *lightwork*, ces mots n'ont aucun sens. Votre revenu n'a rien à voir avec votre travail spirituel. Le premier s'appuie sur l'amoncellement, le second sur le dévoilement. Souvenez-vous que deux types de richesses vous sont accessibles instantanément – du moment où vous quittez vos vues médiocres et arrogantes et que vous débouchez sur l'amour universel.

Quand vous placez votre foi dans le Créateur, que vous le considérez comme la Source que vous espériez, vous allez de l'avant avec votre *lightwork*. Vous n'avez pas à vous soucier ou à attendre un instant pour échapper à vos priorités d'instruction et de guérison. Non, ces efforts sont bien mieux placés dans le présent plutôt que dans le futur.

Rien ni personne ne peut vous empêcher de vous réjouir de votre projet de vie. Vous êtes un agent entièrement libre, quelles que soient les apparences qui prévalent. À tout moment quelqu'un ou quelque chose peuvent bénéficier de votre mise en œuvre de la Lumière divine, recherchez-les. Souvenez-vous toujours que vous êtes le metteur en scène du scénario dans lequel vous jouez. Une intention positive vous amènera des revenus désirés, une intention négative vous arrêtera toujours.

Savez-vous que vous méritez d'être submergé par des retombées positives ? Ce ne sont pas des récompenses, mais bien plutôt des options qui s'offrent à vous. Le chemin de l'apprentissage peut prendre différentes formes et aucune d'entre elles n'est favorisée par Dieu. De l'élévation à la dépression en passant par toutes les formes intermédiaires, tous les choix possibles vous sont donnés par votre Créateur, Lui qui espère que vous choisirez le meilleur pour vous et ceux qui vous entourent.

Le processus de concrétisation

Concrétiser signifie « investir » ou « stocker ». Ce sont là deux définitions correctes du mot, car la concrétisation prend ses racines à l'endroit même où vous investissez et stockez votre intention et votre affirmation. Nous voyons de nombreuses personnes chercher à connaître ce sujet de la concrétisation à travers des livres ou des cours et pourtant son principe est entièrement accessible à tous. Là où vous fixez votre regard, avec une intention claire, est ce vers quoi vous vous dirigez. C'est ce que vous tracez comme ligne dans votre vie. Ce principe ne peut être forcé, parce que la contrainte provient d'une sensation d'anxiété qui ruine vos efforts. Il vaut mieux vous mettre à l'aise quand vous vous dirigez vers votre désir, alors sans effort, il sera propulsé vers vous.

Vous êtes nombreux à poser la question : « Que se passe-t-il si ce n'est pas la volonté de Dieu ? » et en retour nous vous demandons : « Est-ce que vous posez cette question avec l'idée que Dieu est une part de vous qui demandez cela ? » En effet, quelle autre volonté peut-il y avoir que celle de Dieu ? Il est vrai que le choix de l'ego aussi minime soit-il, risque de vous faire manquer votre objectif, mais vous pourrez toujours vous redresser si votre intention majeure est dirigée vers la joie. En aucune façon les intentions de l'ego ne peuvent vous apporter de la joie, alors que seules les intentions de Dieu sont toujours enracinées dans la joie.

C'est pourquoi la volonté divine, qui est en vous à jamais, vous oriente directement vers la joie en vous rappelant que vous êtes déjà baigné de joie. Le plaisir que vous recherchez est atteint à cet instant même où vous vous autorisez à apprécier le cadeau qui est déjà vôtre. Vous passez votre temps à chercher à l'extérieur des manifestations de cette joie qui est intérieure. Il n'y a pas de « mauvaises » réalisations, mais seulement des intentions qui vous placent dans la joie ou bien des intentions qui vous écartent de cette conscience de la joie. L'« objet » de votre intention ne peut pas être faux ou en dehors de la volonté divine parce que Dieu – et la volonté de Dieu – ne connaissent que la joie.

Vous avez la possibilité de savourer sans interruption la joie qui est en vous. C'est un but qui vaut vraiment la peine de s'y consacrer. Le contenu ou les circonstances de l'intention importent peu, approchez-les avec un désir de joie. Sachez que votre joie n'est pas à venir en fonction de son contenu ou de ses circonstances. Bien au contraire, votre joie vous accompagne maintenant et reste avec vous au moment où vous concrétisez vos désirs.

On ne peut surestimer le pouvoir de cette joie. Elle illumine le processus de votre concrétisation. Elle vous permet un accès plus facile aux conseils précis que vous recherchez.

Laissez cette joie se révéler en affirmant cette intention : « Mon cœur et mon esprit sont maintenant comblés de joie. Je suis un immense reflet de la félicité divine. » Exercez-vous mentalement sur cette intention et sentez la joie frémir en vous. Ne craignez point le bonheur même s'il revêt une apparence peu familière. C'est un ange qui s'élance de votre cœur pour vous envelopper de ses ailes. La joie vous maintient dans la vigueur et vous permet d'accéder à la sagesse créatrice. Ses propriétés miraculeuses n'ont aucun impact négatif, seulement la possibilité de vous laisser porter par la sérénité d'une joie palpable. Il vous est possible de trouver cette joie, peu importent les circonstances extérieures. Et quand vous trouvez cette joie, gardez-la bien proche de votre cœur et observez comment les circonstances négatives disparaissent.

Tournez vos regards vers l'intérieur et touchez cette vérité sans délai. Sentez l'essence même de ce dont nous parlons, Très Cher. Rassasiez votre soif dans le nectar de votre cœur : la joie que vous désirez, que vous méritez, qui est vôtre, qui est vous. Ceci est notre message d'amour pour vous, notre Bien-Aimé.

Le mariage

Le mariage est une déclaration par laquelle un couple s'engage à placer son union à un niveau supérieur, à convoler avec les anges, sur les plans romantique, émotionnel, physique et spirituel. Dans ce cadre, c'est un symbole du désir d'union céleste dans l'amour. Il représente le désir de ne faire qu'un, de se fondre dans le divin. Le mariage recherche l'immuabilité de Dieu pour créer une oasis de paix au sein de ce monde chaotique.

Tant d'espoirs et de rêves sont liés au mariage qu'il arrive parfois que quelque chose craque sous le poids écrasant des attentes gâchées. Cependant, il est vrai qu'à l'intérieur du havre de paix qu'est le mariage, les conjoints peuvent atteindre des niveaux de béatitude qui n'ont pas d'équivalent dans d'autres circonstances.

Vous qui recherchez le mariage, n'oubliez pas que l'amour de Dieu est toujours en vous. Vous qui êtes déjà amoureux d'un futur conjoint, cherchez la lumière de l'autre pour s'unir avec la vôtre. Votre soif du mariage va au-delà d'une simple relation. Vous cherchez à fonder le foyer d'où votre flamme divine va s'élever plus haut et plus brillante. Par le mariage, vos deux flammes n'en formeront qu'une plus haute, plus étincelante.

Cependant, commencez d'abord votre quête en vous-même. Faites en sorte que votre flamme immortelle soit plus haute, plus grande et plus brillante comme un moyen de faire rayonner la connaissance que vous avez de l'amour divin. C'est une garantie que votre lumière attirera un partenaire digne de votre héritage céleste. Et puis, quand vous unirez vos lumières respectives dans le mariage, vous ferez cela à partir de la joie et non pas dans une sensation d'indigence. Vous vous donnerez l'un l'autre la lumière en un legs sacré, vous élevant vers le ciel pour que votre lumière illumine du firmament jusqu'aux confins de la terre.

Et vous qui êtes déjà dans les liens du mariage, n'oubliez pas ces paroles : que le marié et la mariée restent amoureux l'un de l'autre et cherchent à réaliser la vérité. Votre union de lumière, le foyer de l'une et de l'autre, est essentielle à la sainteté du mariage. Cherchez toujours à voir et à sentir en l'autre la lumière sainte et céleste, parce que chaque fois que vous entretenez la flamme chez votre conjoint, vous fondez naturellement le foyer de la vôtre, Vous et votre partenaire glissez vers le ciel en contemplant la flamme dans les yeux de l'autre. Votre comportement ne devient lourd et terne que si vous cessez d'agir ainsi et oubliez de regarder à l'intérieur de vous. Un mariage éternellement heureux repose sur cette envie commune de bâtir le foyer, à travers un esprit mutuel de joie. Créez des occasions pour de tels échanges que ce soit un échange de doux propos, une satisfaction partagée ou un projet élaboré ensemble pour rendre le monde meilleur.

La mère

La relation que vous avez avec votre mère est la clef de voûte du Divin. Il est essentiel que vous ayez une profonde compréhension de celle-ci car c'est un tremplin à partir duquel tant d'autres relations faillissent ou prospèrent. Dans votre vie terrestre, les relations sont hiérarchisées et la base en est la catégorie des parents. Le plus grand impact appartient sans doute à la catégorie « maternelle », ce qui ne vous surprendra pas.

Votre relation avec votre mère est une des plus importantes, car il y a un lien direct entre votre ego et votre propre âme (que vous appelez « votre moi supérieur »). Avec votre mère vous pouvez atteindre les plus hauts sommets ou retomber au trente-sixième dessous. À travers ces hauts et ces bas, vous avez toujours le choix de là où vous voulez aller avec votre mère. Votre décision est influencée par ce que vous en attendez. Car les attentes sur ce que va être une relation ou comment une personne va se comporter est le moteur qui détermine votre prochaine rencontre.

Décider *a priori* de ce que sera votre relation fera que la situation va invariablement confirmer cette décision. Vous avez évidemment la possibilité de changer d'orientation dans votre relation avec elle comme vous le souhaitez. Vous, qui avez le pouvoir de déplacer des montagnes, pouvez certainement réaliser ce miracle !

En effet, l'impression de votre mère est profondément incrustée en vous. Le point de vue sur votre mère va déterminer le point de vue sur beaucoup d'autres, y compris vous-même, vos descendants, et vos relations ultérieures (amis, partenaires, etc.).

Lorsque vous changez d'avis sur votre mère pour adopter une attitude aimante, alors l'impact est large et grand. Il peut sembler difficile parfois d'être plus aimable vis-à-vis de sa mère et c'est pourquoi nous les anges pouvons vous aider. Nous pouvons transmettre votre message d'amour au cœur de votre mère qui le ressentira profondément. Très Cher, cette décision vous appartient, mais nous vous garantissons qu'une telle décision vaudrait la peine et serait bénéfique pour vous comme pour tant d'autres.

La musique

La musique à ce point-ci est essentielle à votre « *lightwork* ». Utilisez la musique aussi souvent que possible car elle vous fait baigner dans une lumière miroitante qui éloigne toute négativité. Celle-ci propagée par l'air ambiant pourrait s'installer subrepticement sans que vous le sachiez et créer des désastres sans que vous puissiez savoir précisément d'où ils viennent. La musique vous protège de telles vibrations négatives en créant des occasions pour vous de vivre sereinement.

Votre choix musical est illimité et peut vous baigner tout au long de la journée et de la soirée. Plus vous vous accordez de musique, plus grand sera votre bénéfice.

Certains d'entre vous sont capables de distinguer le spectre des couleurs portées par les ondes musicales. Semblable à un arc-en-ciel dans un ciel pluvieux, votre musique transporte des informations codées dans les couleurs connues. Vous qui pouvez les voir, vous devez apprendre à donner ces informations aux autres. Vous qui voyez les couleurs émises par les instruments de musique et les haut-parleurs, apprenez à croire en la pertinence de telles visions.

Ces couleurs sont des émanations de la structure moléculaire des sons musicaux. Ils forment des vagues légères et retombent en très petites molécules loin de vous, dans un processus qui rejette ce dont nous parlions plus haut. Car, tant que vous êtes entouré de musique, vous êtes enveloppé par ces couleurs comme dans une couverture. Les molécules musicales interagissent avec votre souffle énergétique, elles dansent autour de vous en une forme que vous appelez le « champ aurique ». Ces étincelles électriques sont semblables à ces couleurs brillantes que certains voient et que vous avez appelées « lumière d'ange » ou « voie d'ange ».

À vrai dire, il y a des couleurs qui possèdent des vibrations aux fréquences plus élevées – ce que vous appelez des « couleurs froides ». Votre choix musical est guidé par votre humeur et c'est en un sens pour vous entourer de couleurs qui vous vont bien. La musique rythmée est souvent associée aux couleurs chaudes telles que le rouge, l'orange et le jaune, tandis que la musique plus douce est fortement corrélée avec le violet, l'indigo et des variétés de vert. Utilisez la musique et élevez vos émotions ce qui vous donne de bons effets.

Quand vous souhaitez rentrer en vous-même rapidement et profondément, vous choisirez une musique différente de celle qui a un tempo plus rapide. Nous qui sommes à même de voir les effets de vos choix musicaux, à la fois sur votre état énergétique et dans les couleurs autour de vous, nous pouvons nous impliquer pour vous aider à faire de bonnes sélections de musique. Il vous suffit de nous appeler et nous vous guidons sans hésitation, interférence ou contrôle, et avec l'amour comme seule motivation.

La pollution

Nous apprécions que vous vous occupiez de la pollution et que vous nous consultiez à ce sujet. Car autant cela vous chagrine d'aborder ce sujet, autant c'est par une action directe que des effets peuvent être constatés. Le souci sur la pollution vient de ce qu'elle affecte tous les êtres vivants sur terre, en diminuant leur énergie et leur moral, comme ces nuages suffocants et ces vapeurs toxiques qui créent une atmosphère pesante.

C'est un sujet où le ciel et la terre doivent collaborer pour faire évoluer les choses, pour éviter de saturer la terre avec des toxines et des polluants qui percent les défenses de votre corps. Vous qui êtes au service de la lumière, vous devez répandre plus de lumière sur la planète pour permettre aux rayons du soleil de traverser sans être arrêtés par ces fumées et gaz qui sont dans l'air que vous respirez.

Dans certaines parties de l'univers, il n'y a pas besoin d'oxygène car les habitants sont différents de vous. Ils sont faits de matière moins dense, à peine visible pour l'œil humain. Votre corps ne survivrait pas dans de tels environnements, car vous possédez des poumons qui se gonflent pour irriguer votre système cardio-vasculaire avec des molécules d'oxygène. Sans oxygène, votre lumière brillerait encore mais très affaiblie.

C'est pourquoi nous cherchons à séparer cette pollution de l'atmosphère qui entoure cette sainte planète pour que vous puissiez respirer l'air frais que Dieu a prévu à votre intention. Cet air est si pur et doux que votre première goulée d'air vous plongerait dans l'extase. Cependant beaucoup ont oublié la sensation de respirer de l'oxygène et ont adopté un air de qualité médiocre.

La pollution existe sur votre planète parce que vous avez décidé de vous équiper en biens faits de matières denses et lourdes. Avec l'accent mis aujourd'hui sur le retour de l'enseignement des sciences traditionnelles, ces manières de faire devraient aller en diminuant. Quand cela sera atteint, votre moindre dépendance vis-à-vis des machines va entraîner un soulagement pour le sol et l'atmosphère terrestres. Vous allez être témoin d'un nettoyage comme la terre n'en a jamais vu !

Cependant, durant cette période de transition où vous êtes encore dépendant des machines et de l'usage croissant de la puissance des télécommunications, nous devons vous conseiller de chercher d'autres moyens pour créer un environnement plus sain. Nombre d'entre vous utilisent des produits naturels à la maison et de tels efforts ne sont pas vains, bien au contraire ! Vos intentions sont chargées d'une énergie qui devient une source d'inspiration et d'enthousiasme autour de vous et ainsi vous pouvez devenir un modèle dans la prise en compte de votre environnement. Ne craignez pas de voir vos efforts passer inaperçus. Très Cher, nous sommes profondément honorés par votre contribution et toute action visant à préserver la planète est considérée comme porteuse d'un grand amour.

Vous qui travaillez à vous libérer de l'emprise des machines et de l'électricité, vos intentions sont honorables ! Vous qui volontairement modifiez vos habitudes de vie pour aider les animaux et l'agriculture à se débarrasser de produits chimiques nocifs, vous êtes honorable ! Vous qui ramassez les ordures éparses dans la nature, vous êtes honorable ! Vous qui investissez dans des produits ménagers moins agressifs, vous êtes honorable !

Et ensemble, nous cherchons à redonner à la nature sa gloire primitive. Nous n'alourdissons pas l'atmosphère de la terre avec de la colère ou n'embrumons pas notre vision en regardant à travers un rideau de fumée. Non ! Nous refusons de nous arrêter aux erreurs commises mais allons au-delà, dans cette vérité splendide : la volonté de la planète d'être saine est plus forte que toutes les erreurs environnementales qui ont pu lui être infligées. Rejoignez-nous, nous les anges, en maintenant ces standards élevés de propreté et de santé de la planète. Voyez son corps soulagé et vous découvrirez bientôt l'énorme pouvoir détenu dans un tel raisonnement.

Les lieux de pouvoir

Vous les appelez « vortex » ou « centres de pouvoir », ces lieux sur terre où résiderait une intense énergie spirituelle. Il est vrai que ces emplacements conservent les traces énergétiques de leurs occupants. Ces endroits particuliers ont été marqués par des cérémonies qui ont instillé dans le sol de grandes quantités d'intentions pieuses. Des prières, des rituels, des processions et célébrations ont purifié l'endroit laissant la voie libre à l'énergie pour se répandre profondément dans la terre.

Ces lieux gardent la mémoire des habitants et des rituels effectués. On savait cela autrefois quand on choisissait des lieux de culte en fonction des célébrations qui y avaient eu lieu. Dans certains cas, on avait oublié que cet endroit contenait une énergie réparatrice et les cérémonies s'y tenaient par commodité, logique ou habitude. Les échos de ces cérémonies rebondissaient de la surface jusqu'aux profondeurs cachées et les artisans de la lumière (*lightworkers*) sensibles peuvent capter ces réverbérations. Ce sont ces endroits dont vous parlez quand vous dites « centres de pouvoir ».

Oui, c'est vrai, vous pouvez être en contact avec les prières diffuses dans ces endroits. Vous ressentirez encore plus les effets réparateurs si vous vous allongez à même le sol là où ont eu lieu certaines cérémonies, puis laissez ces prières remonter et traverser votre corps, comme des rayons X vivifiants qui pénètrent tout votre organisme. Avant de quitter les lieux, il est essentiel que vous donniez quelque chose en retour en envoyant des prières. Concluez votre visite en envoyant dans la terre vos pensées divines et votre énergie aimante.

La prière

La prière est une forme de méditation essentielle pour échapper à la peur. Laissez la prière vous rapprocher de la lumière divine, quel que soit le moment. Ne cherchez pas à maîtriser votre prière : c'est un libre flux comme toute conversation importante. Soyez ici et maintenant et acceptez sans réserve les sentiments et les pensées qui surviennent. Une fois vous serez exubérant, la fois d'après triste ou plein de remords. Puis, vous en appelez au Ciel en demandant de l'aide et vous faites silence quelques instants après par respect. Tous les moments que vous passez en prière sont comme des centimes placés sur un compte en banque. Nous n'en faisons pas la gestion pour vous mais nous laissons les prières s'égrener dans le vent : toutes vous appartiennent avec les intérêts et bénéfices accrus chaque jour. Accumulez les prières et acceptez l'aide qu'elles vous apportent. Chacune est comme un ange qui vous aide tout au long du chemin de la vie.

Nous ne cherchons pas à seconder vos prières, seulement à vous encourager à les faire. Le matin est un bon moment. Un peu avant de vous réveiller, vous entamez le dialogue avec votre Créateur. Et ainsi pendant que votre tête s'appuie sur l'oreiller et que vos yeux sont clos, vous vous réveillerez à la voix de votre Créateur bien-aimé. Quel réveil céleste pour commencer la journée ! Et le pouvoir d'un tel début positif va certainement engendrer des jours de bonheur et des miracles !

Puis, pendant la journée, renouez intérieurement le lien avec nous par des prières attentives et de la méditation. Ces brefs intervalles dédiés au Divin peuvent vous délasser et vous requinquer immédiatement dans les moments d'abattement. Confiez-nous vos soucis et laissez-les s'éloigner comme les poubelles que le gardien porte au-dehors. Il n'existe pas d'ennuis que vous ne puissiez nous confier et nous vous invitons à le faire, Très Cher. Débarrassez-vous-en !

Prier signifie simplement « renouer » et ce lien avec la divinité est votre guide de vie jusqu'à l'épuisement de votre souffle et de votre vitalité. Pour certains, la prière est encore phagocytée par des règlements, des obligations morales. Cependant, même les prières obligatoires sont efficaces et elles donnent des bénéfices ajoutés à ceux qui irradient déjà. Vous voyez, la prière est comme une station-service à laquelle on s'arrête pour faire le plein d'essence, d'huile ou toute autre nécessité. Vous pouvez faire votre prière n'importe quand en ayant présente à l'esprit l'idée d'appeler chez soi, au Ciel. Ayez l'idée du besoin de l'assistance divine, et ce sera fait. Soyez sûr que nous sommes là pour vous aider et sachez que vos prières ne seront jamais désavouées.

Les aptitudes extrasensorielles

Vous possédez des aptitudes extrasensorielles parce qu'elles sont nécessaires pour mener à bien votre sainte mission. Tout le monde n'est pas conscient comme vous des retombées psychiques qui mitraillent toute l'humanité. Beaucoup doivent baisser la tête et se mettre à l'abri de ces retombées à moins que la conscience d'un déséquilibre grave ne les oblige à changer leur mode de vie. Pour diminuer le stress d'une vie pénible, quelques-uns doivent mettre en veilleuse leurs aptitudes extrasensorielles et ils éprouvent comme de la réticence bien compréhensible pour les remettre en marche. Ce sujet justifie qu'on en parle parce que ceux qui peuvent l'entendre le feront sous peu. Mais il ne nous est pas réservé ; chaque individu peut le découvrir par lui-même.

Dès que quelqu'un a eu un message extrasensoriel, sa vie est bouleversée au-delà de toute mesure. Il ne regarde plus ses proches de la même façon et la routine quotidienne devient banale et insignifiante. Il cherche à croître et à partager de manière approfondie, bien qu'il crée ainsi un certain désordre dans son environnement habituel.

C'est pourquoi il est essentiel que ceux qui en ont besoin commencent tranquillement à développer leur côté extrasensoriel. Le faire de manière brutale correspondrait à introduire un nouveau stress dans une vie déjà débordée. Leur capacité à gérer dépend de la protection qu'ils ont contre les retombées extrasensorielles en particulier celles de l'âme supérieure qui les conjure de vivre en utilisant des moyens plus simples. Ils résistent et vont de l'avant, et ne se rendent pas compte des alternatives qu'ils ont en face d'eux. Là encore, ils ne pouvaient pas sonder les vérités spirituelles à ce point-ci.

Une part d'entre eux a été initiée aux concrétisations et ils étaient fascinés. Cependant ils restent silencieux et craintifs. Ils ont décidé que ce n'était qu'une charlatanerie qui ne les concernait pas. Ils se sont détournés des aspects magiques de la spiritualité et se sont concentrés sur le concret ou les rituels. Dans ce cadre, leurs esprits et leurs vies sont restés ordonnés et prévisibles.

Dans votre zèle à partager les dons spirituels avec les autres, quelques-uns d'entre vous se sentiront honteux en voyant ce que sont leurs vies avec une vision purifiée. Il est plus aisé de se détourner et d'obscurcir sa vision un moment que de rester tranquille et d'écouter les conseils et instructions. Soyez aimable quand cela arrive et ne forcez pas quelqu'un à voir son moi supérieur avec des yeux accusateurs. Il est meilleur de partager vos dons par la prière que de pousser une personne à soulever le voile si elle n'est pas prête. Car la peur qui perturbe n'est pas de mise dans cette dimension.

Vous dont les yeux sont ouverts, observez vos frères et sœurs moins chanceux avec un regard aimable. Voyez en eux leur vérité, même si par eux-mêmes ils ne peuvent la discerner. Donnez-leur un encouragement à se diriger vers la Lumière, non pas en forçant leurs yeux à s'ouvrir, mais en étant vous-même un exemple rayonnant de vérité. Admirez librement la beauté de chacun et rassasiez-vous du parfum de l'esprit qui flotte autour de vous. Et utilisez vos dons extrasensoriels pour faire rayonner sur le monde la lumière céleste.

Vous qui avez reçu le don de connaître de nombreuses choses auxquelles peut-être la moyenne des gens n'a pas accès ou plus précisément ne souhaite pas accéder, prenez le temps d'apprendre à connaître vos forces et à ne pas chercher à impressionner les autres avec vos capacités. Au contraire, utilisez ce don comme un moyen de plus pour répandre la gentillesse. Toute chose utilisée dans ce sens dérive directement de la Lumière, en vérité.

La réincarnation

Existe-t-il un processus de renaissance dans lequel l'âme d'un enfant part d'un coin de l'univers pour se joindre à des groupes qu'il aurait connus antérieurement ? Pourquoi pas ? Certainement. Ce processus n'a aucune raison de vous surprendre, vous qui admirez déjà les étonnants pouvoirs dont Dieu et les humains sont capables. Pourquoi l'âme serait-elle incapable de se retraiter elle-même à travers de nombreuses existences ? La nature profonde de l'univers a donné aux humains le pouvoir et la domination sur les destinées de leurs âmes, ce qui inclut la capacité de voyager à travers le temps et l'espace.

Comme vous le voyez, la réincarnation n'est qu'une infime parcelle du projet total que vous appelez « croissance personnelle ». Nous l'intitulons plus volontiers « les tribulations de l'âme » dans lesquelles des caractéristiques humaines sont attribuées à des âmes au cours d'un recyclage d'existences. Ce processus qui permet d'avoir des repères temporels, est parfois source d'excitation et apporte une part d'expérience dont chaque âme peut bénéficier. Ce n'est pas un « péché » comme certains peuvent le craindre. C'est un moyen de plus pour se situer dans le temps, de même que toutes les décisions qui sont prises durant une vie.

Chaque âme possède une collection d'expériences issues d'un vaste environnement et stockées dans le subconscient. Quelques-unes sont les leurs ; d'autres ont été recueillies à partir d'autres expériences. Le subconscient ne fait aucune différence entre les expériences quelle que soit leur provenance. Elles rythment la marche du temps, ce qui est considéré comme un progrès et peut être mesuré. Cependant le choix de participer au processus de réincarnation a son revers, celui d'enfermer l'âme dans les limites temporelles, simplement parce que l'être est convaincu que le progrès vient de ces repères temporels. Cette croyance renforce les attributs du temps et diminue les possibilités de s'en extraire.

Certains parmi vous craignent qu'une âme sans support physique soit quelque chose qui n'ait ni sens ni forme. Vous imaginez quelque chose jeté dans le vide, une âme désincarnée avec une existence terne et assoupie et cela vous fait peur. Alors vous vous raccrochez à votre apparence physique, espérant que celle-ci vous donnera une forme et un sens. Vous vous considérez comme en manque et vous espérez qu'avec le temps vous atteindrez un état d'absence de besoin. Cependant comment une créature de Dieu peut-elle vouloir quoi que ce soit ? C'est cette croyance que le futur vous apportera de l'abondance, qui vous ligote et vous enlise dans le manque, cultivant votre dépendance à l'égard du futur, et dans ce besoin de mesurer le temps.

Sortir de ce piège est simple bien que vous puissiez vous sentir confinés dans les limites du temps que vous voyez reflété autour de vous. Plutôt que d'essayer d'échapper au temps, exercez votre esprit à quitter ces jugements personnels concernant le manque. Vous ne manquez absolument de rien et vous ne pouvez vous offrir de continuer à porter ces jugements plus longtemps ! L'espèce humaine doit arrêter de confondre le profit matériel avec la valeur humaine. Vous avez du mérite et vous *possédez* tout.

Si ceci est confus pour vous (parce que votre monde semble vous présenter une image différente), alors insistez encore un peu. Votre Créateur veut tout pour vous, maintenant et à jamais. Dieu veille à ce que vous n'ayez aucun besoin qui ne soit exaucé de toutes les façons possibles. Et cependant, avec votre pouvoir divin de création, vous pouvez recréer le manque à volonté. Ceci peut vous donner du plaisir, peut-être aussi vous permettre d'aller à la rencontre de vos frères humains qui semblent tellement plongés dans leur sensation de manque – et dans le besoin de progresser.

Vous âme n'a nul besoin de progresser, car elle a toujours été aux côtés de Dieu et elle n'a jamais perdu de vue son caractère sacré et ses dons merveilleux. En écoutant attentivement votre âme, vous entendrez les échos de cette vérité. Vous avez ce qu'il faut, vous êtes chez vous et en sécurité.

L'amour romantique

Bien que l'amour romantique n'ajoute aucune lumière à la flamme de l'amour divin et n'offre rien de comparable à ce qui est offert par la Perfection divine, il peut cependant être un substitut acceptable. D'abord, il vous apporte une sensation de sécurité et de protection. Il y a tant de dangers dans ce monde, n'est-ce pas ? Votre aspiration à la sécurité et la protection est souvent apaisée seulement dans les bras de l'aimé.

L'amour romantique commence avec une sensation de sécurité, laquelle fait pourtant place à une sensation de danger au bout du compte. Ce que nous voulons dire, c'est ceci : vous entamez votre relation dans un état de totale confiance, puis vous recueillez des indices qui vous semblent dangereux. Vous analysez les détails de votre relation, pour décider de ce qui peut ou ne peut pas être considéré comme dangereux. Vous renchérissez avec une touche de malheur, avec le sentiment qu'une fois encore tous vos espoirs sont à terre.

Ce que vous cherchez réellement dans le cadre de cet amour romantique, c'est l'absence de soucis. Toutes les créatures de Dieu cherchent à avoir un esprit et une attitude insouciants. Nous ne voulons pas dire par là que vous ne voulez pas assumer vos responsabilités – Oh, non ! Nous voulons simplement dire que vous souhaiteriez jeter soucis et ennuis dans l'amour et croire dans le pouvoir de l'univers pour vous porter en sécurité.

Vos soucis vous rendent las, ils sont une source de peine et de poids. Vous recherchez un partenaire qui vous permettrait de vous décharger de ce fardeau, même momentanément. Un répit dans cette agitation incessante et ce stress est essentiel pour la paix de votre âme. Si une nouvelle relation vous offre cette échappatoire, naturellement alors vous éprouverez une joie paradisiaque.

L'équilibre à garder dans une relation romantique est celui-ci : empêcher cette relation d'être un poids supplémentaire pour vous. Tant de relations explosent et meurent quand on réalise qu'elles apportent plus d'inconvénients que d'avantages. Quand un stress supplémentaire résulte d'une relation, la réaction naturelle est d'aller se mettre à l'abri. C'est ainsi que de nombreuses relations se gâtent parce que chacun des partenaires cherche l'abri et la sécurité en dehors de la relation.

Jetez vos incontournables soucis et ennuis dans la source d'amour qu'est Dieu, ceci seul peut permettre une relation de qualité supérieure. Si les partenaires sont volontaires pour faire cela ensemble, alors ce sera pour le mieux. Là, il y a l'espoir que cet amour romantique continuera à être un abri dans la tempête au lieu d'être ce mirage qui reflète cruellement des biens qui n'existent pas.

L'amour romantique est un chemin de traverse parallèle au véritable chemin de l'amour divin. L'amour romantique et l'amour céleste peuvent se compléter puisqu'ils proviennent essentiellement de la même source. Cependant, quand l'amour romantique est recherché comme substitut à l'amour divin, il y a toujours une insatisfaction larvée. Souvenez-vous de donner un sens sacré à votre relation romantique et cherchez aide et sûreté dans le seul endroit où elles se trouvent : en Dieu.

L'estime de soi

Une part de votre conscience a souvent la dent dure avec vous. Elle vous blesse et vous rabaisse et vous fait négliger la part divine qui est en vous. La grandeur est toujours en vous, de même qu'elle vous place dans une « sécurité » où rien ne peut vous concerner et où personne ne peut vous blesser.

L'élévation ou la discontinuité dans votre perception du divin en vous est facteur de crises, Très Cher. N'oubliez pas votre Créateur, celui qui est toujours en vous maintenant. Il n'y a pas de place pour l'erreur chez lui et rien de ce qu'il a créé ne peut dévier de son origine parfaite. Cet esprit critique dont vous souffrez vous-même est votre propre invention, fait pour vous faire descendre des hauteurs et vous rejeter dans la pitié et l'autodénigrement. Et pourquoi une créature divine choisirait-elle un tel parcours ? L'expérimentation fait partie du projet derrière cette décision. La souffrance ainsi créée est un moyen pour les humains d'apaiser cette inextinguible soif de retourner chez eux au Ciel. En se plaçant en situation négative, vous arrivez effectivement à « oublier » votre foyer céleste, dans ce cadre, vous vous sentez plus solidaire de votre foyer terrestre.

Cependant, nous sommes là pour proclamer l'arrivée d'un nouveau moyen de remédier à cette douloureuse nostalgie du foyer, Cher Enfant de Dieu ! Vous pouvez renverser la vapeur et vous servir de cette douleur pour accéder à un nouvel éveil de votre vérité. La « vérité » qui existe en la souffrance n'est qu'une pointe d'épingle sur la tapisserie de la conscience qui vous attend maintenant. Apprendre grâce à la souffrance est une tâche longue et fastidieuse, tandis que nous nous tenons dans l'attente, prêts à vous emmener en douceur vers une nouvelle conscience de votre vérité intérieure.

Vous qui possédez en vous tant de grandeur, ne devez pas attendre plus longtemps pour saisir cette option. Prenez-la en main et pressez-la contre votre poitrine. Car vous êtes tout-puissant, comme votre Créateur, bien que d'une manière différente. Vos créations sont dans l'éveil à la joie, quand vous choisissez la joie pour vous. Votre joie bouillonne comme des bulles à l'extérieur, encourageant les autres tout comme un rire qui se communique à tout un groupe. Il y a tant d'occasions pour vous maintenant de mettre en valeur la joie en vous et en dehors de vous, c'est pourquoi vous devez abandonner la souffrance et la laisser en arrière.

Votre estime de soi est seulement une façon de vous évaluer en un instant T. Elle se compare à la façon dont vous dépensez et gérez votre argent. Quand vous souffrez, vous déconsidérez l'occasion et la valeur du moment, et niez les choix de joie qui sont disponibles. Quand vous éclatez de rire, vous avez fait un choix judicieux parmi ces options. C'est vrai même si vous avez des responsabilités que vous jugez très « sérieuses ». Il y a toujours de la place pour le rire dans votre cœur quelles que soient les circonstances.

Quand vous parlez d'estime de soi, nous savons que vous voulez dire avoir une certaine considération et un respect pour soi-même. Et nous disons que la voie pour y arriver est dans le respect de vos ressources en ce *moment même.* Exprimez pleinement le suc de la joie dans ce moment et vous vous réjouirez d'avoir pris une décision qui apaise votre moi intérieur.

Vous qui possédez le pouvoir de toutes les sphères célestes en vous, vous n'avez aucun besoin de vous discréditer. Car vous êtes aussi saint que n'importe quelle créature de Dieu. Vous êtes un exemple de la magnificence de l'ouvrage de Dieu. Ne voyez-vous pas que nous vous aimons de toute éternité et que nous travaillons sans répit dans vos moments de fatigue, de peine et de dangers à vous apporter la joie ? Tout est fait en votre faveur, Très Cher, et nous n'attendons que votre décision pour nous tenir dans la lumière de cette joie.

La sexualité

Les couples sont des unions sur le plan mental, spirituel et charnel, pressées par le besoin de procréer et de s'unir à Dieu. Ces désirs d'union sont si forts que le besoin sexuel prime sur tous les instincts. Nous envisagerons ce sujet sous cet angle.

Il y a chez tous les êtres vivants un désir instinctif de procréer. C'est parce que la survie de l'espèce dépend de cette tendance à procréer. Sans ce besoin, les différentes espèces ne se soucieraient pas de procréer, n'est-ce pas ? Le facteur plaisir était nécessaire pour construire dans ce cadre, encore une fois pour assurer la survie des différentes espèces.

Hormis ces instincts de base, se cachent d'autres plus profonds. Pas meilleurs mais seulement plus profonds. Il y a ce besoin spontané de se réunir avec Dieu qui englobe toutes les âmes qui ne font qu'un avec notre Créateur. Vous en faites partie vous-même et êtes en ce moment avec Dieu. Cependant, votre ego a créé une faille dans votre conscience qui vous interdit cette réalisation.

La propre âme (ou le moi supérieur) toutefois se souvient de cette union et cherche à y revenir à travers la réalisation de l'unité avec Dieu. Les expériences sur terre qui se rapprochent le plus de cette union sont celles de la méditation, de la prière et de l'union charnelle. Dans ce dernier cas, il y a une sensation de proximité avec cette *conjonction* et *union*. Les organes sexuels sont mêlés et le cœur est ouvert l'un à l'autre. Vos deux cœurs sont si proches l'un de l'autre que naît le sentiment de fusion.

La félicité née de cette union combine l'intensité physique à une perte de conscience du temps. Quand vous oubliez le temps, votre âme voyage vers de plus hauts sommets où elle peut accéder à des parcelles de vérité. Les lois terrestres ne sont plus en vigueur pour l'âme hors du temps, ce qui vous permet littéralement de faire glisser cette félicité née du contact avec votre bien-aimé vers l'Aimé Suprême, Dieu.

Ces moments où le désir vous presse de vous unir sont ceux où le désir d'union avec Dieu est le plus pressant. Sachez que vous êtes réellement chez vous en Dieu à tout instant. Néanmoins, si cette vérité est oubliée, alors l'union avec un substitut terrestre peut vous aider à rentrer chez vous.

Le sommeil

Lorsque vous fermez les yeux et vous laissez glisser dans le sommeil, croyez-vous que votre âme s'échappe des limites terrestres et se fraie un chemin jusqu'aux cieux pour refaire le plein de forces et de souvenirs ? C'est pourtant bien exact, dans le cas où vous en douteriez. Très Cher, ces voyages nocturnes sont comme une consolation et une issue de secours de tant de façons. Ils vous permettent de vous évader d'ambiances pénibles, vous donnent une chance de les examiner avec du recul et vous offrent un nouveau regard sur votre vie.

Tout ce que nous vous demandons c'est d'avoir confiance dans le fait que vos voyages sont organisés fondamentalement pour ces raisons. La sécurité de votre sommeil est absolument garantie. Ce que nous voulons dire, c'est qu'aucun mal ne peut arriver à votre corps tandis que nous veillons à ses côtés durant votre déplacement dans le temps. Vous voguez un peu comme de la vapeur qui s'échappe et se libère d'une pression sur le point d'exploser. Sans ces escapades nocturnes, la vie pourrait vous paraître insupportable.

Souvent, vous vous souvenez de bribes relatives à ces voyages de l'âme et vous vous demandez : *que peuvent-elles bien signifier ?* Eh bien, quoique vous ne puissiez vous souvenir de tous les détails de ces aventures nocturnes, elles remplissent bien leur rôle : d'abord, elles fonctionnent comme des soupapes de sécurité, soulageant la pression sous-jacente au système ; ensuite, ces séjours nocturnes vous fournissent en réalisations conscientes de votre sainte et divine nature. Elles constituent des occasions pour vous de constater et d'expérimenter votre nature sainte sans préjugé ou jugement de votre part. Vous êtes merveilleusement disponible à nous durant vos voyages et c'est seulement au réveil que vous pouvez discuter avec votre « esprit logique » sur la réalité de l'expérience. Cependant, même avec le dénigrement de votre esprit logique, l'expérience est mémorisée néanmoins dans votre subconscient. Votre propre âme (votre moi supérieur) contemple la beauté des cieux chaque nuit, et par ce moyen se ressource pour passer un autre jour sur terre.

Le sommeil est revigorant grâce à ces voyages et vous vous réveillez avec un sentiment de nouveauté, avec le plaisir de vous reconstruire. Quand vous nous rejoignez chaque nuit pour une leçon ou une mission, nous vous accueillons et nous mêlons nos embrassements. C'est comme si vous êtiez en manque d'affection chaque fois que nous nous retrouvons. Et peut-être est-ce alors la plus grande valeur de ce temps de sommeil pour tous : une chance pour vous de constater le plus étonnant miracle de votre vie : l'amour – le sentir, s'en abreuver, s'en rassasier sans oublier votre divine origine. Dormez bien, Très Cher. Nous vous rejoindrons dans vos rêves !

L'âme sœur

Il y a dans le terme *âme sœur* plus de vrai que vous ne le pensez. Car une âme sœur est littéralement un compagnon issu de votre pépinière d'âmes, un être qui vous a été assigné comme un guide sur cette terre, au moment où vous vous êtes confiés l'un à l'autre. Vous devez vous souvenir, dans votre for intime, que votre origine n'est pas terrestre. Vous venez de cette stratosphère que vous appelez « le Ciel » dans lequel habitent les âmes. Quelques-unes d'entre elles créent des liens étroits, une sorte de compagnonnage, des agrégats, toutes sortes de groupes. Ceux-ci varient en taille, dépendant des intérêts de ceux qui le composent.

Ces êtres possèdent des affinités dans le sens de compagnons et camarades. Ils dépendent les uns des autres pour les conseils et la gouvernance. Quand un compagnon se détache et choisit une vie sur une des planètes, l'autre est habituellement volontaire pour l'accompagner. Retrouver son âme sœur sur Terre est un moment excitant. Il y a là un degré de familiarité semblable à nulle autre sur terre.

Cependant, ne confondez pas ces retrouvailles avec le désir d'un rapprochement amoureux avec un partenaire qui sera votre compagnon adéquat. Il est indéniable que votre âme sœur est liée à vous. Cependant il ne s'ensuit pas que votre âme sœur vous accompagnera toute votre vie. Cette personne vient vers vous pour vous réconforter et vous apporter la consolation du foyer. Elle vient pour vous observer, vous rappeler votre enseignement terrestre et vous apporter des cadeaux de la terre. Bien sûr, il serait légitime de croire qu'il s'agit de « celui » ou « celle » que vous cherchez dans vos aspirations romantiques.

L'unique sur cette terre est tout à fait illusoire. C'est une notion romantique, à vrai dire, que l'on trouve ou que l'on poursuit. Mais qui ne correspond pas nécessairement avec l'âme sœur. Car une âme sœur est une personne que vous nommeriez plutôt « aide » ou « adjuvant », c'est-à-dire celui qui vous aide à accomplir la tâche que vous avez choisi d'accomplir sur terre. Votre âme sœur est littéralement un ami de chez vous, envoyé pour vous saluer au nom de celui qui est votre Source et votre Créateur. Votre âme sœur vous fait souvenir de la lumière de l'Unique et de Son amour sans fin. Quand vous êtes attiré par une âme sœur, vous êtes attiré par les qualités divines que vous voyez dans cet être. Quand vous aimez une âme sœur, c'est vers l'amour de Dieu que vous vous tournez.

Chaque partenaire vient vers vous pour une raison et un motif particuliers et vous sentirez votre cœur battre en présence de votre Aimé. Ceci est le véritable attrait de la relation. Le but de cette relation peut être atteint en quelques minutes ou en quelques années. Mais une chose est certaine : quand le projet est achevé, l'attrait demeure. Les partenaires peuvent dire qu'ils sont « déliés » mais en vérité ils sont maintenant prêts à servir une autre cause et iront volontiers rejoindre d'autres compagnons. Leur amour ne s'éteindra jamais. Ils seront reconnaissants l'un envers l'autre pour la part importante à laquelle ils ont participé. Alors, c'est le moment d'arrêter de regarder en arrière et d'être prêts à remplir une autre mission dans le moment présent.

Vous pouvez rencontrer et aimer de nombreuses âmes sœurs, Très Cher, en fonction de la taille de votre groupe d'appartenance. De nombreuses âmes sœurs sont encore disponibles, attendant une venue sur terre. Vous enseignerez à beaucoup au cours de votre vie et vous apprendrez beaucoup aussi de leur part. Finalement, vous reviendrez à votre pépinière d'âmes avec joie et bonheur. Pourquoi ne pas se réjouir maintenant pendant vous vous trouvez avec ces êtres qui viennent de chez vous ?

Quand vous rencontrez une âme sœur, ne cherchez pas à la retenir, mais jouissez du moment présent et des dons du ciel. Qu'ils vous servent pour votre mission sur terre. Que cette relation s'achève en union n'a pas d'importance. En vérité, ce qui est important c'est de voir dans ses yeux les reflets du Ciel qui vous renvoient à votre origine divine. Âmes sœurs, vous êtes bénies ! Nous les anges vous embrassons avec reconnaissance car vous faites briller l'une sur l'autre la grâce et l'amour de Dieu.

Le stress

Partout où il y a du stress, il y a aussi le sentiment de victimisation. La rage née du fait d'être forcé à plier devant la volonté d'un autre est à l'origine du stress. La tension est avivée quand vous nourrissez des ressentiments envers les pseudo-autorités – pseudo parce que nul n'a d'autorité sur vous. Personne ne peut vous contraindre à quoi que ce soit, personne sauf votre propre pouvoir. Tout le stress, vous vous l'imposez à vous-même dans la mesure où c'est votre libre arbitre qui choisit des situations porteuses de stress. Il n'y a aucune exception car dans tous vos actes vous avez le choix de vous sortir de situations stressantes. Bien qu'il soit avéré que certaines circonstances puissent arriver, il est aussi exact que vos options sont toujours à votre libre disposition.

Très Chers, la vérité sur le stress est que vous choisissez de souffrir quand vous avez peur de vous engager dans la mission sacrée de votre vie. La douleur est une façon de passer le temps en bouchant les trous de votre emploi du temps qui auraient mieux faits d'être dédiés à votre projet de vie. Quand vous êtes incertain sur vous-même, vos aptitudes, vos forces, et vos dons innés, vous vous focalisez sur la souffrance. Le stress est peut-être le plus courant chez vous parce que cette souffrance est choisie, acceptable et socialement renforcée.

N'ayez aucune honte, quoique la honte soit parmi les plus douloureux des facteurs de stress qui vous assaillent. C'est blessant et cela vous empêche d'expérimenter votre pouvoir divin. Le stress né de la honte assombrit votre lumière, vous rendant aveugle à votre moi divin. Et alors, vous vous sentez incapable d'apporter votre contribution au monde.

Quand vous vous sentez stressé, appelez-nous et laissez-nous ouvrir les portes de ces prisons que vous avez élevées et dans lesquelles vous vous êtes enfermé. Laissez-nous faire sauter vos défenses et votre sensation d'avoir démérité. Laissez-nous attiser les flammes de votre divine lumière de telle façon que vous puissiez avancer dans votre projet sans hésitation, sans retard, sans compromis.

Le stress n'est pas votre prisonnier, c'est vous qui êtes le sien. Ne vous enfermez pas plus longtemps, vous qui êtes un enfant béni de la Toute-

Puissance. Vous êtes venu au monde pour répandre ce pouvoir et expérimenter cela comme une force pour changer la vie qui apportera une joie immense à beaucoup. Vous êtes programmé pour avancer avec de larges et amples mouvements et un souffle léger et subtil. Vous ne pouvez pas arrêter les mouvements des enfants de Dieu avec cette illusion d'emprisonnement, pas plus que vous ne pouvez contenir les rayons du soleil. Au moment où vous démarrez, confiez-nous toutes vos peurs et vos doutes à nous les anges. De cette façon vous n'aurez pas besoin du bouclier du stress pour vous « protéger » de tous les maux inclus dans l'accomplissement de votre projet de vie. Seul l'ego a peur que votre projet ne le blesse et il offre de vous protéger des maux avec des « distractions ».

Peu importe si vous n'êtes pas sûr de ce que cette mission exige de vous. Peu importe que vous n'ayez aucune garantie explicite de succès excepté le sermon incessant de votre âme. Votre âme sait que mettre au jour son bonheur dépend de l'extériorisation qui en est faite, comme un torrent bondissant avec son eau offerte à tous. Comme vous vous épanouissez, vous tendez naturellement à éviter des situations qui pourraient vous mettre des bâtons dans les roues ou vous retarder. Vous avez ce choix et vous avez la capacité de le faire maintenant.

Nous aimerions vous rappeler que vous avez toujours été capable de vous débrouiller dans toutes les situations qui se sont présentées à vous. C'est vrai de votre futur comme cela l'a été de votre passé. Il n'existe pas de danger caché dans un coin, prêt à bondir sur vous. En effet, cette crainte de contrôler le futur constitue bien une large part de votre stress, n'est-ce pas ? Vous devez croire que chaque moment qui viendra vous trouvera prêt. En aucun cas, vous ne périrez, serez abandonné ou dépérirez. Tout sera fourni sur votre chemin. Oh oui, vous aurez votre rôle à jouer dans la bonne mise en place de tous les éléments..

Mais permettez-nous de vous rassurer une fois encore : il n'y a rien qui puisse vous advenir auquel vous ne pourrez faire face. Nous sommes toujours là vous tenant la main et vous guidant. Comment ne pourrions-nous pas vous aider dans de telles traversées ? Nous sommes vos anges et nous vous aimons tant.

La souffrance

Beaucoup vont souffrir dans leur vie et vous, qui en serez le témoin, nous implorerez : « Pourquoi est-ce ainsi ? » Nous vous répondrons que vous avez été envoyé pour être témoin de cette souffrance et contribuer à l'alléger. Vous n'êtes pas ici pour prendre sur vous leur souffrance, non – mais pour abriter ceux qui souffrent et leur éviter des tourments supplémentaires et cela avec la seule consolation dont vous disposez : l'amour.

Chaque fois que vous faites preuve de pitié, vous augmentez la souffrance, chaque fois que vous faites preuve de compassion et d'amour, vous diminuez la souffrance. La pitié transforme en victime celui qui souffre. Et si vous considérez les gens comme des victimes, comment peuvent-ils s'échapper sans efforts surhumains ? Vous renforcez ce faisant leur sensation d'impuissance ce qui réduit leurs possibilités de s'en sortir. Avec une telle impuissance, ils doivent demander de l'aide à chacune de leur initiative. De ce fait, ils deviennent faibles, dépendants et craintifs.

C'est quand même mieux de renforcer leur pouvoir intérieur que leur sensation d'impuissance ! Prenez-leur la main et conduisez-les chez eux en leur montrant leur force intérieure. Révélez celle-ci en dénombrant des exemples de leur courage, de leur patience, de leur sagesse et de leur gentillesse. Faites-les se souvenir de leurs propres forces et aidez-les à sentir croître leur propre pouvoir.

Ainsi, ils pourront à nouveau se sentir forts et indépendants. Ils voient le pouvoir en toute bonne foi et cette perception se reflète dans le pouvoir des anges tout autour. Ils représentent un centre de pouvoir au milieu d'un univers puissant et de bonne volonté. Ce savoir les aide comme ils peuvent eux-mêmes aider les autres. Ainsi, vous voyez que vous contribuez à rendre le monde meilleur quand vous allégez l'esprit de quelqu'un à travers ce processus de délégation de pouvoir, et cependant vous continuez à demander : « Pourquoi cette souffrance alors que Dieu est tout amour et tout-puissant ? » et nous vous disons que c'est celui des mystères de l'univers qui est le moins compris. Et encore nous essayons de vous l'expliquer calmement : oui, notre Créateur est un concentré tout-puissant d'un amour qui est toute compassion. Cet amour est si lumineux qu'il rejette toutes ténèbres dans l'ombre. Il ne combat pas les ténèbres. Pas plus que la lumière ne combat l'obscurité. Les ténèbres ne peuvent tout simplement pas pénétrer dans la lumière intense de l'éclat de l'Unique. Elles sont littéralement rejetées de cette irradiance.

Du fait que la lumière est imperméable à toutes ténèbres, Dieu ne peut expérimenter les ténèbres sous aucune forme. Il ne connaît que la lumière et toutes ses formes comme la joie, la paix, le bonheur et l'union. Il ne peut éprouver aucune forme de mal, y inclus la souffrance. Cela ne veut pas dire que Dieu ignore la souffrance ou montre du favoritisme. Cela signifie simplement que Dieu vous délègue pour faire la lumière dans toutes les situations où règnent les ténèbres. Soyez comme le Créateur et rayonnez sur toute situation qui n'est pas fondée sur la joie. Ainsi, vous agirez comme l'ange de la terre qui forme une passerelle de lumière pour permettre aux autres de rentrer à la maison.

L'alter ego

Avec cette insistance que votre monde met sur l'amour, rien d'étonnant à ce qu'il y ait aussi un intérêt équivalent sur les formes que l'amour peut prendre à travers les relations humaines. Le premier « prix » dans l'amour que vous recherchez échoit sans conteste à la coupe sainte de l'amour des âmes sœurs que vous appelez « ma moitié ».

La quête d'une moitié remonte loin dans le temps. C'est le désir de vérifier que l'on peut vous aimer. Si vous recherchez un autre dans lequel vous refléter et que vous vous aimez l'un l'autre, cela devrait apaiser les peurs issues de l'ego. Votre ego vous harcèle de questions concernant votre estime de soi, et l'idée de votre moitié vous remplit de l'espoir que vous pouvez être un objet d'amour.

D'abord nous vous assurons que – avec ou sans âme sœur ou alter ego dans votre voisinage – vous êtes entièrement aimable ! Vous, qui êtes le parfait exemple d'amour dans l'univers, avez été conçu sur les ailes de l'amour. Vous êtes apprécié et désiré par tout ce qui est saint, et c'est votre esprit saint qui s'exprime, avec une voix qui se confond avec le bruit du vent. Car vous voyez que tous les êtres sont vos alter ego, vos frères, vos sœurs, vos passions.

En vérité, cette passion particulière que vous recherchez, nous ne voulons pas nous en gausser ou exagérer ses motifs. Nous sommes ici pour encourager l'amour, non pour dissuader de le chercher. Nous sommes ici, en premier lieu, pour expérimenter l'amour dans ses formes les plus grandioses. Et le baiser tendre de l'amour gonfle votre cœur comme nul autre. Nous sommes vos admirateurs et nous pouvons vous procurer le partenaire que vous désirez ardemment.

Le concept de l'alter ego a été créé il y a très longtemps. Avant d'effectuer sa traversées vers la terre, votre âme s'est dégagée de la pépinière d'âmes qui en contient beaucoup d'autres. C'est votre famille d'origine en quelque sorte, bien qu'en vérité *tout* ce qui existe fait partie de vous. Il y a eu néanmoins des liens étroits tissés dans cette pépinière dans le Ciel. Et de même que les expériences forment votre personnalité et votre destinée sur terre, de même aussi les expériences partagées créent des similitudes à travers les groupes en général. Un simple exemple est celui de deux enfants élevés dans la même maison et qui vivent la même vie, ce qui les entraîne à partager certaines opinions.

Dans cette pépinière, le même principe s'applique. Un alter ego ressemble au meilleur ami sur terre, c'est celui qui est si proche de vous par les pensées et les actes que vous tombez amoureux de vous-même à travers ses yeux. C'est un être qui a partagé des expériences riches avec vous – parfois dans cette vie, parfois dans une autre. Vous pourrez aussi l'avoir considéré comme un « guide spirituel ». Ces relations vous ont guidés tous deux dans la même direction à travers des expériences communes au Ciel et sur terre. Il n'est pas rare que des moitiés, qui se rejoignent à l'âge adulte, aient de remarquables points communs dans leurs histoires respectives.

Vous vous demandez si vous allez rencontrer votre alter ego dans cette vie. Cette question est le fruit d'un désir réel de vous sentir totalement aimé. Et nous vous rappelons une fois encore que votre quête doit démarrer en ayant les mains pleines et non comme quelqu'un qui est affamé d'amour. Une crainte désespérée accompagne celui qui se sent vide, et une telle peur n'est pas de nature à attirer l'amour que vous recherchez. La prière, la méditation, les postures de yoga, la communion avec les âmes amies, les pauses de calme dans la nature… ce sont autant de moyens pour trouver ce que vous cherchez : un accomplissement dans l'amour.

Au moment où vous ressentez l'immensité de l'amour divin qui est en vous maintenant, alors votre désir d'amour sera rassasié de manière appropriée et il se reflétera dans vos expériences sur terre. Vous trouverez de si grandes quantités d'amour que c'est comme si le Ciel avait déversé des seaux d'amour dans un puits sans fond ! Les amis vous souriront et riront avec vous, et jamais vous ne ressentirez la solitude ou le désamour.

Vous *avez vraiment* beaucoup d'amour en vous à cet instant précis. Savoir que l'on possède un tel trésor vous satisfait si pleinement que votre lumière intérieure rayonne dans et au-delà du cosmos. Les miracles se pressent en foule vers ceux qui aiment de manière si totale et si vous acceptez l'amour à travers une relation humaine, il sera vôtre en vérité.

Le yoga

Nous vous avons déjà parlé de l'importance du souffle, de l'exercice de la méditation et nous nous ne voulons pas vous agacer encore sur ce sujet. C'est pourquoi le yoga constitue pour vous un moyen de réunir toutes ces conditions en un bref laps de temps. Quand vous vous engagez dans la pratique du yoga, vous ressentez une nouvelle jeunesse avec un surplus d'énergie. Mettre au point vos postures de yoga avec un horaire précis fait de cette habitude une seconde nature, nous ne saurions trop vous le recommander. Nous vous pressons de considérer toutes les formes de pratique du yoga, quelles qu'elles soient. Pour certains, ce sera sur une base régulière, pour d'autres cela constituera une contribution indispensable à leur énergie vitale.

La pratique du yoga est très ancienne et c'est depuis peu qu'elle a été introduite dans vos pays. La pratique arrive vers vous chargée de prières – une force si grande qu'en vous immergeant dans son rayonnement vous faites place à de grandes transformations. Ceux qui ont créé les pratiques du yoga ont envoyé des prières dans le temps, en demandant que tous ceux qui après eux feront du yoga reçoivent de telles prières. Quand vous pratiquez le yoga, vous êtes plongé dans le flux continu de ces prières.

Vous qui vous inquiétez sur les limites de votre souplesse, entendez notre appel : la pratique du yoga est une démarche lente qui vous enrichit de l'intérieur. Utilisez-la comme une mesure de recentrage paisible et non comme un moyen d'établir votre « infériorité » ou votre « supériorité » par rapport aux autres.

À moins que vous ne pensiez que nous vous châtions sur ce point, sachez que nous considérons la pratique du yoga comme un art sacré, et non comme un instrument de compétition. Vous êtes déjà parfaitement en accord avec vous-même maintenant et la suite naturelle est de plonger votre conscience dans la vague du souffle qui vient quand vous vous étirez et vous assouplissez.

Ne retardez pas votre pratique du yoga un moment de plus, Cher Ami, car nous voyons des bénéfices innombrables dans cette activité. Nous vous procurerons des occasions et des maîtres qui peuvent ancrer votre pratique du yoga et vous infuser cette nouvelle et durable habitude d'une respiration profonde et purifiante, alternée avec des périodes d'étirement.

Dans chaque moment de répit, il y a une action du cœur qui attend que vous fassiez le lien. À travers le calme, vous cessez d'inonder votre esprit avec des informations qui sollicitent votre mental. À travers le calme, vous entendez nos paroles portées par le silence de votre souffle. Réjouissez-vous alors que ce prolongement de l'amour céleste vienne vers vous grâce à ces pratiques du yoga. Vous, qui avez un horaire si chargé que vous pensez ne pouvoir y ajouter une seule tâche, avez besoin de cette immense éveil spirituel qui vous arrivera avec la pratique du yoga. C'est l'exemple type du miracle où l'on reçoit plus que l'on ne donne : plus vous serez assidu au yoga, plus vous recevrez.

Ne pensez pas que nous soyons désagréables ou insouciants quand nous parlons de votre emploi du temps, Très Cher. Nous essayons simplement de vous faire un rappel amical, vous pressant de vous diriger vers ce que vous savez déjà être la vérité, car à tout moment votre libre arbitre brille comme un phare à l'horizon. Nous ne cherchons pas à – et ne le pouvons pas – infléchir cette lumière qui irradie chaque volonté sauf la vôtre qui est vraiment partie de la volonté divine. Car vous trouverez votre voie dans la retraite paisible et nous vous apportons nos paroles comme un cadeau à cet instant. Nous voyons que vous pouvez gagner avec les choix que vous faites et nous cherchons seulement à vous encourager chaque fois que cela est possible à faire le choix du bonheur de toutes les manières.

DEUXIÈME PARTIE

Messages des Archanges

Un message de l'Archange Michel

Q : Archange Michel, que voudriez-vous nous dire ?

R : Asseyez-vous confortablement, respirez profondément et ouvrez le chakra de la couronne, de manière à ce que mon information, ainsi que mon amour profond et mon respect puissent entrer en vous. Tant de fois vous avez évité de me rencontrer en personne de peur de ce que je pourrais dire. N'ayez aucune crainte, car je viens au nom du Maître de toutes les planètes et bien au-delà ! Je suis responsable de la « milice de lumière » et ce qui a lieu sur terre en ce moment requiert notre attention à tous. Qui d'après vous maintient le système dans son intégrité pendant les moments de conflits et de dangers ? C'est notre lumière rassemblée qui pénètre à travers toutes les situations, même les plus dangereuses. Il n'y a en vérité rien à craindre car vous avez le pouvoir miraculeux de vous transporter sur cette lumière et d'échapper à tous les dangers.

Alors, asseyez-vous et prenez graduellement conscience de cette immense lumière qui est maintenant en vous et autour de vous. Méditez sur votre désir de connaître cette lumière. Elle a plus de pouvoir qu'aucune force humaine n'en a jamais conçu. C'est le secret de l'univers, la cause et la puissance d'une grande résolution. Cette lumière, Être Cher et Aimé, est une force surpuissante et invincible qui ne peut être déracinée ou emportée. Elle ne connaît pas de limites, allant là où vous êtes à cet instant jusqu'aux confins de l'univers. Elle est atemporelle et peut en l'espace d'un clin d'œil recouvrir toute une planète.

Continuez à répandre cette lumière partout où votre œil se pose sur la peine. Soyez vigilant au maintien de la paix en déversant sur la terre votre lumière divine. Ne vous y trompez pas : vous faites partie des fantassins de la vérité ultime et de l'éveil et vous créez vraiment une différence quand vous jetez les yeux sur cette capacité secrète qu'est le pouvoir de guérison. Faites que les miracles apparaissent, Bien Aimé, en projetant la lumière issue de votre cœur, de votre esprit, de votre tête, parsemant et recouvrant toutes les dimensions avec ce don de lumière.

Vous appliquerez ce baume qui soignera et fera disparaître toute volonté mauvaise. La lumière peut être de diverses couleurs selon votre choix : vous serez aidé en conséquence. Par exemple, un bleu pâle et léger appliqué sur la colère éteindra les flammes de la fureur, comme l'eau sur un foyer encore incandescent. Une lumière bleu foncé calme les nerfs et élève le niveau de conscience. Vous constaterez qu'une telle lumière apaise des discussions philosophiques. Il y a tant de couleurs à explorer dont il faudra noter les effets. La lumière rose, vous vous en doutez, est favorable à l'amour romantique et à l'amitié, et en général crée de tendres rapprochements. La lumière jaune stimule l'environnement de travail et aide ceux qui ont du mal à se concentrer sur les messages et avis de leur moi supérieur. Ainsi que je l'ai déjà dit, allez de l'avant et faites l'expérience de ces lumières éclatantes qui ne sont pas sujettes à l'erreur ou à l'échec. Ou s'il est nécessaire de guérir tous azimuts, employez la lumière blanche toute simple, car elle contient en elle toutes les couleurs, en particulier mon violet chéri qui est la plus haute du spectre. Le violet aide les gens à rayonner à leur plus haut niveau de façon telle qu'il révéle leur sagesse intérieure dans toutes les directions. Cette couleur agit comme un stimulant sur les sens et l'adrénaline et crée une énergie de prise en charge dans laquelle ces sens sont utilisés à bon escient.

Maintenant, comprenez-vous pourquoi je suis le chef de la « milice de lumière » ? Vous qui comptez parmi les membres de cette sainte société, avez beaucoup à faire. Premièrement, il est nécessaire d'éveiller vos frères et sœurs en faisant rayonner votre lumière chaque fois que vous y pensez. Leur lumière intérieure, tout comme la vôtre il y a peu, est assoupie, en grande partie comme leur conscience. Quand ils sentent la morsure d'une illusion d'emprisonnement, ils font rouler leur véhicule sans aller bien loin. Comme ils ont besoin à ce moment-là de votre amour rayonnant pour les sortir de l'ornière où ils se sont enfoncés ! Aidez-les à regagner le niveau supérieur, Très Cher, en étant vous-même un exemple lumineux d'une vie basée sur la vérité.

J'ai besoin de votre vigilance pour le maintien de la paix dans tous les domaines et pour que vous vous comportiez sereinement dans tous vos actes. À l'intérieur du cercle familial, installez une forme vive de paix en vous-même. Ce qui signifie « se hâter lentement » et n'a rien à voir avec la définition habituelle de la paix qui est proche de l'« apathie ». La paix est stimulante et quasi excitante quand elle est vécue et comprise réellement. Cela veut dire que vous avez la certitude que toute chose est l'objet de l'attention du Créateur. L'apaisement signifie avoir le courage de manifester de l'amour, sans en craindre les conséquences. Cela veut dire prendre en charge les événements quotidiens d'une façon qui vous amène au-delà de vos passions. Ainsi, si c'est votre intérêt d'aller dans une bibliothèque, de faire un appel téléphonique, d'avoir un rendez-vous ou de faire une promenade, vous aurez confiance en cette capacité de commander propre à votre moi supérieur et votre volonté.

Je suis souvent là dans vos échappées nocturnes et revois avec vous les missions que vous avez demandées et acceptées. C'est pourquoi vous avez souvent ce sentiment de « *déjà vu* » [en français dans le texte, NdT] quand vous avez des pressentiments de vos actes les plus urgents avant qu'ils n'arrivent. Quand vous avez ce sentiment d'une vie antérieure, comme une réminiscence diurne, laissez-vous aller sans penser au temps qui passe, vous pouvez même me contacter ne serait-ce que brièvement. Je vous ferai signe à travers une lumière éclatante ou une sensation tactile sur votre tête ou sur l'épaule.

De toutes manières, n'ayez crainte, car c'est le signal convenu entre nous pour insister sur l'importance de la situation. C'est une occasion de vous protéger de la peur et de semer la joie. Soyez assuré que vous êtes tout ce qu'il y a de plus qualifié pour cette opération pour la paix. Je me tiens toujours derrière vous, vous abreuvant d'immenses quantités d'amour et de dévotion. Car je suis Michel, envoyé par Dieu, pour vous montrer votre lumière divine de toutes les façons.

Un message de l'Archange Raphaël

Q : Archange Raphaël, que voudriez-vous nous dire ?

R : Vous m'appelez très souvent pour des guérisons, et à juste titre car c'est ma tâche dans l'univers. Et pourtant je peux faire beaucoup plus et c'est ce dont j'aimerais aujourd'hui parler avec vous. Dans l'univers, le désordre est impensable, mais le sentiment d'un désordre est une chose banale.

Quand vous sentez une forme quelconque de chaos, que ce soit le désordre chez vous ou dans vos finances, vous niez le principe d'ordre qui régit l'univers. Vous comprenez que ce principe requiert votre collaboration afin que vous puissiez jouir de son efficacité. Vous ne pouvez créer le chaos, mais vous pouvez créer des suites chaotiques en décrétant qu'une situation est incontrôlable. Votre jugement glisse alors vers le désarroi, vous éjectant hors des règles habituelles de l'ordre et du contrôle. Une fois dans cet état, vous constatez un désordre supplémentaire qui se change en désespoir ou bien en ce que vous appelez « stress ». Frères et sœurs, c'est la racine de tous les maux. C'est la racine de toute souffrance, de toute douleur.

Rien ne peut dans cet univers être affecté par le désordre, mais vous pouvez penser le contraire. Et votre immense pouvoir mental peut changer votre vie en chaos, simplement parce que vous en avez envie. Vous vous demandez si vous pouvez défaire les lois de l'ordre divin ? Et la réponse est toute simple : vous ne pouvez pas les défaire. Cependant, vous pouvez rendre les lois inefficaces simplement parce que vos perceptions vont au-delà. Vous voyez le chaos et de ce fait vous le vivez comme un « stress ». Là où se trouve l'ordre divin, vous voyez autre chose. Là où règne une paix parfaite, vous ne voyez que la confusion. Là où il y a la santé, vous ne voyez que la maladie. Et ainsi vous verrez un univers autre que celui que votre Créateur a créé pour vous. Et ce que vous voyez *est* vraiment ce que vous aurez. Peu importe que votre perception erronée ne soit qu'une illusion de l'esprit. Dans votre monde, vous pensez que cela est tout à fait vrai. Et vous faites appel à moi et à mes frères pour prendre soin de cette situation, ce pour quoi nous sommes qualifiés et volontaires. Pouvez-vous quand même vous rendre compte que c'est prendre un long chemin pour voir le bien ? Il suffit de considérer même approximativement ce qu'est l'ordre divin pour se rendre compte que le chaos ne peut y régner.

Quand vous vous focalisez sur le désordre, appelez les anges pour vous orienter vers une autre prise de conscience – celle d'une paix totale. Nous vous aiderons, si vous nous le permettez, à changer votre point de vue sur votre monde. Vous verrez le plan parfait derrière toute chose, même ce qui a l'air chaotique. Vous verrez avec quelle précision mathématique le tout est agencé : l'équilibre, le temps pour chaque chose, tout enfin.

Et ainsi verrez-vous la beauté immense dedans comme dehors. Vous vous émerveillerez de la splendeur qui est devant vous de toute éternité – pas juste maintenant mais toujours. Vous en aurez le souffle coupé d'admiration et vous vous réjouirez qu'il en soit ainsi.

La voie vers une excellente santé commence par un seul souffle. Cela arrive à n'importe quel moment quand vous êtes submergé par la tristesse de quelque événement mal discerné. C'est le moment de réviser vos perceptions. Redites-vous encore et encore : « Cela *ne peut pas* être ! » Rejetez l'idée même de l'existence du chaos et proclamez la vérité éminente de l'intention immuable de Dieu en l'amour. Sachez que le désarroi sera annihilé jusqu'où vous le voudrez bien. Une guérison complète et manifeste sera révélée avec ce changement de comportement. Vous pourriez l'appeler un « ajustement », si je peux me permettre d'être aussi abrupt.

Ne croyez pas que je me gausse de la tristesse de la condition humaine ni que je reste sourd à la souffrance humaine. C'est tout à fait le contraire, Très Chers ! Je suis le héraut qui vient annoncer le nouvel âge de la perception dans lequel l'obscurité cède la place à la lumière la plus brillante qui soit, où le chagrin et la tristesse trouvent un réconfort quand cette reconnaissance du plan divin est mise en œuvre, où les os brisés sont raccommodés à l'instant de cette reconnaissance, et où les vies chaotiques sont replacées là où est leur habitat naturel : dans le foyer divin avec tous les trésors de la création. Cette perfection a été voulue de toute éternité. C'est Son œuvre – et vous ne pourrez plus longtemps différer votre venue dans cette splendeur avec une perception bénie et de nouveau retrouvée.

Vous êtes déjà guéri et je suis ici comme un ange gardien pour que vos perceptions demeurent justes. Quand vous faites un pas de travers, demandez-moi de vous aider à faire un pas en arrière, tout comme le ferait un maître de ballet céleste. Le mouvement est facile : ce qui pour vous est difficile, c'est de vouloir vraiment modifier votre perception. Vous avez tant d'aptitudes miraculeuses qui ne sont limitées que par votre propre distraction. C'est ici et maintenant que votre volonté accrue va permettre aux miracles d'être acheminés à travers votre perception de la lumière et de l'ordre, voyant enfin ces choses que vous aviez tant de fois observées.

Un message de l'Archange Uriel

Q : Archange Uriel, j'ai l'impression de ne pas vous connaître autant que les autres. Votre personnalité ne semble pas se détacher nettement. Qu'aimeriez-vous nous dire sur vous et votre rôle et quels messages avez-vous pour nous ?

R : J'apprécie que vous m'ayez invité à me joindre à vous, Doreen, pour la rédaction de ce livre. En effet, j'ai bien longtemps plané au-dessus de vos projets, et quoique je puisse paraître difficile à cerner et à situer, j'ai toujours été à vos côtés. Je fais entrer la lumière dans de nombreuses situations qui semblent inextricables et vous aide à les démêler, un peu à la manière d'une crème coiffante qui vous aide à vous coiffer. Je me tiens au-dehors de la sphère publique, préférant rester derrière la scène là où je peux offrir le plus d'aide durant les temps difficiles.

Mon amour pour vous s'épanche constamment de mon cœur vers le vôtre (et ceci s'adresse à toute personne qui lira ces lignes), à la manière d'un pompier qui, dans un feu de forêt, s'occupe d'éteindre l'incendie qui fait rage. J'apaise la douleur dans des situations où le désespoir domine de façon telle que vous puissiez réfléchir à la façon de vous en sortir. J'apporte de nouvelles clartés pour que l'espoir revienne dans votre cœur. Je vous aide de multiples façons à accéder à des solutions créatrices que le Divin vous offre constamment, mais que vous ne pouvez recevoir sans un esprit éclairci.

Je suis le laveur de carreaux de votre point de vue. J'écarte tout simplement les nuages pour que vous puissiez voir la vie à travers un nouveau cristallin. Souvent vous avez parlé de moi comme « l'ange psychologique » et c'est en grande partie exact. J'ai effectivement la capacité de créer des changements dans le cœur et de faire émerger la clémence même au sein de situations où la haine et la rage sont attisées au-delà de toute mesure. Je refroidis le feu de la haine et ramène l'individu à la prise de conscience de l'amour divin qui est en lui. Et pourtant c'est me limiter que de penser à moi uniquement comme l'archange de la clémence, car je peux faire bien plus pour aider l'humanité et au-delà.

D'abord, je suis parmi les archanges l'un des derniers arrivants sur la scène terrestre. Les autres archanges, vous en avez rencontré beaucoup (et certains s'en viennent vers vous sur le plan de la conscience), ont ce que vous appelez des traits de caractère très particuliers qui les font immédiatement reconnaître. Qui pourrait ignorer la voix tonnante et l'esprit de commandement de Michel brandissant son épée ? Avec sa douceur immuable et son impatience à aider, Raphaël est comme le meilleur ami que l'on voudrait toujours avoir près de soi. Et Gabriel, celui dont l'aide est toujours présente pour les esprits brillants et créateurs, canalisant (*channeling)* cette créativité pour aider toute la terre. Et qui suis-je donc au milieu de cette maîtrise archangélique ? Je suis celui qui vient de loin pour secourir, celui qui apporte la guérison avec ma volonté de verser la lumière dans votre esprit et sur la situation.

Cette lumière est le véritable suc de la guérison, car elle ouvre votre esprit et votre cœur pour reconsidérer la situation d'un œil neuf. L'abondance de ma lumière vous remet sur pied et rend capable de réfléchir. Cette énergie vous porte pour que vous vous prépariez à pardonner, même quand vous criez vengeance. Elle fait un léger bond au-dessus du réflexe de l'attaque et vous préserve du réflexe automatique de la revanche. De cette façon vous ne vous adoucissez pas avec l'impression de passer pour un « idiot », mais au contraire la douceur vous fait retrouver de nouvelles solutions ainsi qu'une force nouvelle.

Pensez à moi comme à un oncle avisé qui apporte de nouvelles perspectives dans des situations confuses. Je vous offre des lustres de sagesse détachée de la tapisserie de la vie. Et cependant ma plus grande collaboration vient sous la forme du plus grand des trésors : mon vase de lumière que je déverse sur votre tête quand elle se courbe sous le poids de la tristesse. Mon vase dont la lumière se renouvelle éternellement est à mon service pour venir à votre secours.

La lumière n'est pas seulement un moyen de guérir, mais contient aussi des fragments de nos conversations infinies qui interviennent à une fréquence élevée dont votre conscience n'a pas idée. Ce sont les moments de grandes réjouissances : les fréquences élevées qui sont nos « forums » de discussion et qui interviennent lors de vos méditations, vos rêves et vos moments d'éveil. Ces conversations invisibles sont fort satisfaisantes et mon cœur tressaille de joie quand je suis témoin de la transcription de ces pensées sur cette page, lesquelles recèlent une sagesse qui vous réjouira et vous enrichira.

Recherchez-moi souvent, car je ne cesse de m'intéresser à vous. Ne pensez pas que votre compagnie puisse me fatiguer, car mon devoir est d'être auprès de vous. J'apprécie ces moments et suis également bien aise quand vous prenez conscience de ma mission. Je suis celui qui illumine, tout comme vous, et ensemble notre lac de lumière porte la joie dans l'univers.

Un message de l'Archange Gabriel

Q : Archange Gabriel, que voudriez-vous nous dire ?

R : Vous savez que je suis l'ange préposé à la communication à son niveau le plus profond. Ma fonction principale est de vous rendre capable de parler sincèrement tout en vous sentant à votre aise. Je vois beaucoup d'entre vous qui élargissent les limites de leur horizon tout en étant plus ouverts à l'Esprit. Vous vous adaptez rapidement et je vous félicite pour votre courage.

La majeure partie de mon travail consiste à être votre pasteur tout au long de votre vie, tout en vous incitant à vous libérer du mensonge de la déception et des demi-vérités – et d'abord envers vous-même. Vous vous recroquevillez dans la peur et la solitude, sans la volonté de chercher la liberté et la paix à travers des paroles authentiques. C'est pourquoi j'entre dans le jeu. Je suis votre allié dans toutes les tentatives de parler haut en votre nom. Mais laissez-moi vous rappeler une fois encore que vous communiquez d'abord *sur vous* avant de le faire *pour vous.*

Dire la vérité, cela doit commencer par vous-même, quand vous vous permettez une période de chaos consécutive à l'effort de mettre de l'ordre à travers tout ce qui suit inévitablement un bilan serré de votre vie. Bien souvent vous remettez au lendemain l'examen minutieux de votre vie, ennuyé par avance parce qu'un tel examen vous obligera à jeter par-dessus bord quantité de choses auxquelles vous tenez.

En fait, nous n'allez pas être aussi radical, Être Saint, mais vous allez être égaré au milieu de désirs nombreux et contradictoires. Il n'y a aucun moyen d'y échapper si ce n'est par une parole sincère et, je le répète, d'abord par *la sincérité avec soi-même.* Quand vous faites un bilan honnête sans vous voiler la face sur l'aspect actuel de votre vie, vous êtes plein de bonne volonté pour vous atteler à vos soucis. Mais si vous gardez les yeux mi-clos en restant dans l'attente, votre propre moi se met à l'arrière et doit supporter les aléas de votre autodénigrement. Vous ne méritez certainement pas ce traitement de seconde classe. Haussez dès maintenant vos critères et ne craignez pas que les conditions mauvaises vous amènent à être bourrelé de remords.

Être sincère avec soi-même ne signifie pas jeter par-dessus bord tout ce qui est important. Oh non ! c'est un processus de rééquilibrage par rapport à votre position décentrée. Vous avez entassé tant de secrets dans vos armoires, avec la volonté de vous les cacher : que pensez-vous que cette mise au secret va faire ? Pensez seulement à la façon dont les secrets affectent les relations humaines et vous aurez la réponse. Chaque fois que nous créons des barrières dans notre sphère de conscience en disant : « Non, je ne veux pas voir cela ! » nous devenons schizophrènes, la conscience est éclatée et dispersée entre toutes nos allégeances. L'union avec vous-même demande que les morceaux soient recollés et bien que cela puisse paraître délicat et complexe, c'est en réalité très simple. Je suis ici comme guide pour vous conduire à travers les méandres de la prise de conscience de soi.

Vous craignez de regarder à l'intérieur parce que vous touchez à la peur de ce que vous pourriez y trouver. Vous craignez d'y rencontrer les ténèbres, vous craignez de faire des changements suite à votre bilan, vous craignez votre propre dégoût face à ce que vous allez voir. Toutes ces peurs vous font fuir et vous réfugier loin du regard de votre propre moi. Vous, qui pour l'éternité êtes attaché à votre moi béni, ne pouvez pourtant pas vous cacher ainsi. Vous qui savez qu'une part de vous est sainte. Vous savez aussi qu'une part de vous est capable de choses mauvaises et indignes. Cette fracture vous empêche de regarder à l'intérieur, et à la place vous embarrasse d'affaires incessantes et de tâches sans fin avec un planning étouffant.

Je vous conduirai au-delà des ténèbres et vous ferai voir la lumière que vous recelez, Saint Ange ! je vous tiendrai d'une main ferme et amicale pour que vous ne craigniez pas de contempler votre moi béni. Je vous emmènerai à des hauteurs vertigineuses si, un moment, vous me faites confiance. La vérité rejettera toutes vos peurs : je vous aiderai à voir en vous avec une honnête compassion.

Cela demande de faire une liste de tout ce qui dans votre vie ne vous apporte rien. Cette liste peut inclure des éléments à garder ou bien des personnes, des lieux et des attitudes qui ne servent pas votre mission sacrée. Cela peut signifier de bouger, de changer, de faire de nouveaux plans. Que cela ne vous trouble pas, Être Béni ! Je vous guiderai sur le chemin. Nous ferons de la lumière du bonheur un bouquet printanier que nous partagerons avec le monde.

Dans votre monde, vous discutez sur la suppression des obstacles et c'est de cela qu'il s'agit. L'énergie s'accroche aux vieilleries, vous engluant dans le passé. Et en même temps vous devez avoir la volonté d'éliminer ce qui gêne votre épanouissement, en croyant que la nouvelle lumière sera dispensée dans chaque partie que vous voulez guérir. Car la guérison ne veut pas dire « Ôter ». Vous n'avez pas besoin de vous débarrasser de vos relations, mais seulement du schéma relationnel ! Vous n'avez pas besoin de bouleverser votre maison ou vos biens, mais juste la manière dont ils vous entourent comme s'*ils* vous possédaient ! Votre réorganisation est un appel à une plus grande liberté à travers votre volonté de parler sincèrement sur tous les sujets où vous vous sentez étouffé ou manipulé.

Quand vous parlez à vous-même, en toute sincérité, en toute conscience, la suite se présente sans effort. Les choses difficiles sont derrière vous et les portes s'ouvrent à votre arrivée. Quand vous vous renforcez avec cette nouvelle onde d'honnêteté envers vous-même, votre intégrité imprègne chaque moment de vie. Vous brillez plus intensément dans toutes vos relations et tous voient l'amour qui irradie vos yeux. C'est l'amour né de ce soin manifesté à vous-même, Être Saint, qui vous porte avec le courage de voir votre vie en face et de dire : « Où est la vérité ici ? »

TROISIÈME PARTIE

Un message des Anges de la Nature

Ce que disent les Anges de la Nature

Vous nous appelez les fées, les devas, les esprits élémentaires, mais ce ne sont pas les termes que nous employons, ce sont les vôtres. Et bien qu'il y ait parmi nous des distinctions, les similitudes sont plus importantes que les différences. Ce qui nous unit, c'est que nous partageons la même dimension terrestre et que nous devons coordonner nos efforts pour maintenir l'harmonie sur terre. Vous ne vous rendez peut-être pas compte des dégâts causés par vos multinationales avec leurs déchets industriels et leurs émanations toxiques. Elles nient leur responsabilité en matière de pollution mais nous sommes témoins de leurs infamies. Et même si notre intention n'est pas de prêcher la rancœur ou la dénonciation, nous avons besoin de votre collaboration pour soulager la terre de ses maux.

D'abord il y a cette pollution évidente qui provient des rejets qui sont déversés dans nos océans, nos fleuves, nos cours d'eau. Être conscient du problème et avoir le courage de faire front et de militer en faveur de solutions plus respectueuses de l'environnement est vital pour notre survie ! Ne vous dérobez pas en pensant : « *Qui suis-je moi, un simple individu ?* » alors que vous pourriez tant faire rien qu'en assistant à un conseil municipal ! Toute la terre compte sur votre voix – faites-vous entendre ne serait-ce que par un entretien ou une missive !

Nous possédons déjà la connaissance sur les façons d'établir un système plus écologique. Nous l'avons jadis transmise à vos chercheurs sensibilisés à ce sujet, cependant ils capitulent face aux grandes firmes qui prétendent qu'un tel système ne marche pas. Comme vous le savez, leur véritable mobile est le profit même si la pollution est le prix à payer. Ce n'est pas qu'elles soient « mauvaises » ou « malignes » au sens traditionnel ; ils ont simplement poussé la ratiocination à l'extrême : le problème de la pollution sera éventuellement réglé et quelqu'un d'autre s'en chargera. Elles croulent sous le poids des responsabilités financières, ce qui les force à s'en tenir à l'essentiel sans accorder de priorité à ce qui est bon pour l'environnement. Croyez-nous, ces cadres et chefs d'entreprise savent pertinemment ce qu'ils font. Nous nous chargeons de le leur rappeler durant leur sommeil et c'est pourquoi beaucoup d'entre eux consomment des médicaments de manière excessive, pour empêcher la voix de leur conscience environnementale de venir troubler leur sommeil.

Et cependant nous ne cherchons pas à envenimer la situation. Car la seconde source de pollution engendrée par ces entreprises est le manque d'humanité qui rebute même leurs cadres. Tout ce mécontentement produit par des gens écrasés sous le poids de leur responsabilités – qu'ils soient « grands chefs » ou « sous-fifres » –, est comme un gaz délétère relâché tous les jours dans l'atmosphère terrestre et qui l'étouffe de toute sa pesanteur. Vous qui avez à cœur le bien-être de la planète Terre et sa survie, vous pouvez renverser la situation en censurant vos pensées pour les purger de toute insatisfaction. Nous ne suggérons pas que vous fassiez l'autruche ou étouffiez vos réactions tristes ou coléreuses – non, non pas du tout ! Nous vous encourageons simplement à canaliser vos sentiments d'une manière qui n'endommage plus l'environnement. Car en vérité, la seconde source de pollution provient de l'esprit amer. Rien – dans notre perspective – n'est plus répugnant que les mauvaises vibrations des esprits qui ressentent de l'amertume ! Cette négativité infeste toute la Terre, depuis les hautes couches de la stratosphère jusqu'aux plaques tectoniques.

En revanche, pourtant, la reconnaissance qui s'exhale s'apparente aux plus spectaculaires couchers et levers de soleil. C'est une fleur humide de rosée, le doux miaulement d'un chaton ou toutes les choses qui font partie pour vous de l'essence de la beauté.

Nous sommes ici au service de cette belle planète et nous en sommes reconnaissants. Aussi, c'est avec sérénité et détachement que nous observons la situation avec un regard froid et calme. Faisons entendre nos voix au-dessus du concert bruyant de l'avidité des gestionnaires. Prenons des mesures pour apaiser le chaos sur Terre. Chacune de nos combinaisons est un pas sur la voie qui mène à une planète plus propre.

Quand vous contemplez la nature ou mieux quand vous marchez parmi nous, au milieu des arbres, des plantes et des fleurs, demandez-nous des tâches à réaliser si vous le souhaitez. Nous vous éclairerons et vous montrerons la voie vers des missions de la plus haute importance dans notre cause environnementale. Nous vous révélerons des solutions et vous inciterons à vous inspirer de notre exemple. Ne vous souciez pas de l'attention que vous susciterez car nous vous fournirons une assistance indéfectible. Et c'est bien volontiers que nous vous initierons à nos secrets.

Nous sommes très respectueux vis-à-vis d'humains qui, comme vous, utilisent leurs pouvoirs divins de façon si digne. Ne craignez pas qu'on se méprenne sur vos intentions. Comme nous vous l'avons dit, nous serons là pour coordonner les évènements ! Avec notre travail en coulisses, nous ferons en sorte que les autres remarquent tous vos faits et gestes. Votre pouvoir éclairera les autres et ils marcheront sur vos pas. Ainsi vous allez en inspirer d'autres qui deviendront les protecteurs de l'environnement et vous serez fier de votre contribution qui est si cruciale en ce moment.

Restez toujours au contact de la nature, Très Cher, ne vous éloignez pas des plantes, oiseaux, arbres, car vos mégalopoles bétonnées sont menacées. Elles nous rebutent : quand le béton et l'asphalte envahissent la nature, c'est un signe de mort. Ne soyez pas surpris que la mort elle-même entraîne désintégration et pourriture. Même vos parcs sont bombardés d'insecticides les transformant en déserts stériles ! Recherchez des endroits où la nature pousse librement car c'est là que vous trouverez nombre de nos amis. Nous, comme tout écosystème, sommes le liant qui maintient l'univers en place. Quand on nous éjecte par une urbanisation sauvage et des pesticides, il s'ensuit un déséquilibre.

Aussi, restez proche de la nature, ne serait-ce qu'avec des plantes en pots et des jardinières que vous laisserez croître sans contrainte. Rendez-nous souvent visite et parlez-nous comme à des vieux amis ou des voisins. Quand vous communiquez avec nous, mentalement ou à voix haute, vous pouvez sentir notre réponse au niveau du ventre ou l'entendre dans votre tête. Nous vous faisons entendre notre voix et vous ne devez pas sous-estimer nos messages urgents en craignant que nous nous soyons mépris sur notre choix. Nous *avons besoin* de vous ! Vous êtes celui que les autres écouteront et en travaillant en équipe, nous pouvons clore ce chapitre de l'histoire de l'humanité en mettant un point final à la pollution.

QUATRIÈME PARTIE

Les Anges répondent à vos questions

Questions et Réponses

Q : Je sens très souvent la présence de mes anges, et je sais qu'ils essaient de me transmettre un message, mais je ne peux le comprendre. Comment être à l'écoute de mes anges ?

R : Le défi pour vous est de faire confiance à votre cœur. Vous hésitez à suivre des tiraillements qui vous poussent à changer de vie et à améliorer votre perspective. Vous hésitez parce que vous n'avez pas confiance en vos propres pouvoirs que vous sous-estimez. Vous, l'être le plus puissant de tout l'univers, avez minimisé vos propres forces par une vision à court terme.

Quand vous refusez de croire aux dons de Dieu, comment, nous les anges, pourrions-nous forcer le barrage derrière lequel vous vous abritez ? Nous imprégnons vos pensées de notre bienveillance, pourtant nous ne pouvons vous convaincre de notre bonne volonté envers vous.

Bien-Aimé, vous doutez que vous ayez droit à un heureux destin. Pourquoi en serait-il autrement de l'élu de Dieu ? Car ce dont il est question ici c'est d'être certain de le mériter. Ne doutez plus un instant de votre capacité à faire volte-face grâce à une meilleure estimation de vos capacités.

Nous n'abordons pas ce sujet pour vous détourner de votre humilité modeste, car nous ne parlons pas de mégalomanie. L'impression de séparation qui vous fait douter que votre destin soit lié au Sien est une espèce de mégalomanie. Vous vous situez au-dessus ou au-dessous des créatures de Dieu en vous situant comme différent de vos frères et sœurs dans la gloire de Dieu. Croyez-vous vraiment que Dieu vous ait créé différent des autres ?

Si vous percevez un don chez l'un de vos frères spirituels, alors pourquoi douter qu'il puisse être à votre portée. Remerciez ceux qui vous ont ouvert la voie car ils vous servent de modèles. Vous pouvez jouir de vos dons en comprenant que votre vie échappe à votre contrôle. Vous êtes l'œuvre de Dieu avec raison. L'expansion de son royaume émane de votre rayonnement, votre aura se répercutant en autant de témoignages de sa lumière.

En acceptant votre divine nature, vous ne pouvez faire autre chose que d'accepter notre présence, nous les anges. Nous vous escortons à l'instar des étoiles qui gravitent dans l'orbite des planètes. Votre cœur s'ouvrira à un faisceau de lumière qui nous accueillera. Ainsi vous pourrez entendre nos louanges et nos conseils avisés. Plus vous accepterez votre héritage céleste comme créature issue d'un grand amour, plus vous accepterez les bienfaits qui sont le lot de tous les enfants de l'Amour. Votre présence en ce monde réjouit tous les êtres et nous cherchons à faire de même pour vous.

Q : Comment puis-je découvrir le sens de mon existence ?

R : La réponse à votre question est toujours la même : « amour ». Bien sûr, vous pouvez la rejeter sous le prétexte qu'elle est trop simple ou trop vague. La *nature* et l'*orientation* de votre vie sont en ce moment votre sujet de préoccupation. Vous êtes vraiment en train de vous demander quelles sont les étapes ultérieures et comment vous dépêtrer de situations qui vous affligent. Votre âme supérieure vous incite à donner du sens à chaque instant et nous disons que cela fait partie du plan de Dieu pour vous. Utilisez chaque moment pour faire briller les yeux des autres et réchauffer un cœur. Utilisez votre pouvoir pour réconforter ceux qui sont dans la détresse et soulager l'angoisse. Utilisez ainsi les talents qui sont vôtres et vous pourrez goûter une reconnaissance éternelle.

Vous rêvez de disposer de plus de temps et d'argent afin de pouvoir réaliser vos désirs les plus profonds. Nous vous incitons à poursuivre de tels rêves sans les considérer comme des caprices. Ce sont les jalons de votre vie.

Nous nous rendons compte que vous posez cette question parce que vous doutez de voir vos rêves se concrétiser. Pourtant tous ceux qui rêvent et poursuivent de tels rêves peuvent témoigner que leur succès a été bâti sur ces mêmes étapes de désir, mêlées à du courage et de l'action. Vous avez le même droit que vos frères à suivre vos rêves, Très Cher !

Simplifiez vos désirs en les concrétisant aujourd'hui. Croyez qu'ils sont à votre portée et ils le deviendront. Quand vous priez ainsi, sur le sens de votre vie, nous répondons aussitôt dans votre cœur. Et cependant vous ne poursuivez pas et vous vous détournez pour vous plonger dans ce que vous croyez être la « réalité ». Cela ne peut durer plus longtemps, Très Cher !

Laissez maintenant libre cours à toutes vos bonnes intentions. Débarrassez-vous du malheur imposé par votre œuvre en ajoutant une nouvelle dimension de lumière dans votre vie quotidienne. Prêtez l'oreille à un collègue de travail, pardonnez à un ami, nourrissez un animal affamé. Tous ces actes de charité vous aideront. Tout cela vous donnera la force d'affronter des situations qui vous semblent inabordables.

En ajoutant une nouvelle lumière dans votre vie, votre cœur se gonflera d'un courage renouvelé. Utilisez ce courage avec discernement pour intégrer de plus en plus des mesures qui vous rappelleront vos désirs de rêves. L'une après l'autre, ces étapes vous mèneront au sommet d'un pas assuré jusqu'au moment où vous serez en mesure de répondre aux autres sur la question que vous avez posée : « Quel est le sens de ma vie ? » Vous tendrez la main et, par votre exemple, vous montrerez le chemin de la joie, du sens et de l'épanouissement à travers le sentier du désir.

Q : Comment me sentir plus heureux ?

R : Il est clair que cette question est liée au fait de briser la malédiction qui affecte la condition humaine, laquelle vous force à rechercher et à trouver la détresse. En effet, le bonheur, tout comme la santé, est votre véritable lot. Votre quête du bonheur est réellement un désir de complétude. Vous avez déjà tout ce que vous désirez, il est donc inutile de chercher ailleurs. Il n'y a rien à chercher.

La pulsion vers la détresse s'arrête lorsque vous voyez une meilleure alternative. Vous ne pouvez vous échapper de ce malheur en l'analysant. En faisant ainsi, vous vous enlisez encore plus ! Être Saint, vos réponses vous crèvent les yeux. *Soyez* heureux car vous *êtes* déjà heureux, et c'est tout.

Il est vrai que certaines manœuvres conduisent à un soi-disant bonheur, mais cette forme de bonheur est éphémère, car revêtir des situations extérieures de l'aura du bonheur ne peut que vous mener à une grande détresse. Comme un homme assoiffé traversant le désert et abusé par les mirages de l'eau, vous qui cherchez le bonheur chez les autres avez besoin d'abord de vous recentrer sur vous-même. Là vous le trouverez en abondance.

Bien que les relations humaines et les propriétés fassent partie intégrante de votre expérience humaine, la vérité repose sur leur joie et leur appréciation. Celui qui gît malheureux au fond de lui-même est rarement guéri par son entourage. C'est au contraire un changement d'orientation dans son cœur qui va le pousser à accepter le bonheur comme un état normal.

On enseigne rarement aux enfants cette simple vérité. Nous constatons que pour beaucoup d'entre eux l'idée du bonheur est conditionnée par un facteur externe orienté vers la récompense à gagner.

Nous vous assurons que vous *êtes* déjà heureux et que la *sensation* d'un tel bonheur est le facteur clé qui attire à vous ce que vous cherchez. Exercez-vous et avec le temps cette jouissance s'intensifiera. En vous concentrant, le bonheur peut être ressenti dans tout votre corps et peut croître de toutes les façons. Nous sommes heureux de vous aider dans cette aspiration en vous rappelant aussi souvent que possible son importance.

Q : Je crois sincèrement que toutes les prières sont entendues, mais les miennes bien souvent n'ont pas été exaucées. J'ai demandé que mon bien-aimé puisse vivre et il est décédé. J'ai demandé que mon mariage soit heureux et maintenant je suis divorcée. Pourquoi mes prières n'ont-elles pas de réponse ?

R : Toutes vos prières sont entendues, ce qui veut dire que Dieu et les créatures célestes reçoivent toutes les demandes d'aide et toutes les questions qui ont besoin de réponses. Et ces prières *ont* des réponses dans la mesure où elles reçoivent une réponse immédiate. Celle-ci peut se présenter sous la forme de réconfort, de conseils ou d'informations ou ce que vous appelez une miraculeuse « intervention divine ». Répondre aux prières ne veut pas dire réaliser vos désirs, mais ceci signifie que l'attention vous est acquise sans retard.

Ainsi prier a des applications vitales et utiles. Cela permet au domaine de l'invisible de s'immiscer dans le visible en ajoutant de multiples bénédictions. Toutes les créatures ont cette merveilleuse habileté de s'attirer des bénédictions par le simple fait d'ouvrir leur cœur à l'amour. Ainsi, quand des êtres humains se débattent contre la peur et les incertitudes, notre intervention peut les aider à s'élever au-delà de la conscience terrestre et à rejoindre le royaume céleste pour recevoir les bienfaits de la révélation.

Ainsi, quand vous nous demandez si vous êtes bloquée ou avez fait quelque chose de « mal », notre réponse est que vous ne pouvez vous fourvoyer si vous suivez la voie de la prière. C'est pourquoi, que vous marmonniez machinalement une prière ou que vous soyez absorbée totalement dans un engagement, vous pouvez être assurée que votre prière est un outil efficace dans *toutes* les situations !

Quand il semble que vos prières sont ignorées, il est possible que vous soyez aveuglée par des craintes et des incertitudes qui vous empêchent d'y voir clair. Souvent, vos souhaits semblent écartés car vous manquez des informations qui vous permettraient de tirer de grands bénéfices du concours actuel de circonstances. Certainement plus de bienfaits vont aller en se multipliant avec l'aide de vos pensées qui s'élèvent vers les cieux. Et ainsi nous vous adjurons de croire que quels que soient vos revenus matériels, le revenu spirituel de l'amour divin vous est toujours garanti.

Il ne peut y avoir d'autres issues que le bonheur et l'amour parce que rien d'autre *n'est* possible. Même quand votre cœur est lourd de chagrin, que votre esprit s'agite dans l'incertitude et que votre être souffre de solitude, sachez que nous vous aiderons à vous en sortir. Ne négligez pas vos prières simplement parce que vous croyez que nous vous avons délaissée ! Vous et vos souhaits sont particulièrement importants au regard de Dieu, mais d'autres facteurs ont la préséance : les desseins de Dieu, la volonté d'un autre intervenant et en fin de compte la perspective d'un plus grand bonheur servent à expliquer pourquoi vos désirs ont pu sembler avoir été ignorés.

En accordant votre confiance à Dieu et à ses fidèles serviteurs pour vous apporter aide, réconfort et assurance, vous ouvrirez vos bras pour recevoir ces dons. Le doute et l'apitoiement sur soi-même sont des attitudes de repli qui vous privent de la grâce divine.

Très Chère, votre famille céleste veut vous offrir le monde ! Ne vous dispersez pas, mais demandez, soyez réceptive et vous recevrez. Guettez les réactions intérieures qui vous poussent à l'action, car ce sont les indices de la voix de Dieu vous appelant à le recevoir. Dieu est tout-puissant, c'est vrai, mais il ne vous empêche pas d'être heureuse. Au contraire il veut plus pour votre bonheur que vous ne voulez vous-même ! Il n'y a que la recette du bonheur qui vous fait défaut. Si vous posez des conditions à votre bonheur, vous le renvoyez *sine die.* Ne serait-ce pas mieux si vous vous sentiez heureuse à cette minute même ? Ne voyez-vous pas les nombreux bienfaits qui en résulteraient ? Et plus vous vous y attendrez et plus ils vous seront accordés !

N'ayez point de crainte devant le bonheur, Très Chère. Il n'y a pas dans la conscience de Dieu une once de volonté de vous mettre à l'épreuve, de vous faire souffrir ou de vous rabaisser. Vous faites partie de la magnificence de ses ouvrages qu'il contemple d'un même regard ! Permettez-nous de vous fournir les outils qui vous seront nécessaires pour inonder le monde de vos dons. Et dans le cercle sans fin de votre bonté, vous connaîtrez le délice d'être un ange sur cette terre.

Q : Existe-t-il des extraterrestres et, si oui, quelle est leur nature (bonne ou mauvaise) ?

R : Cette question sur les extraterrestres nous fait penser que vous vous référez à des êtres vivant sur d'autres planètes. Si c'est vraiment votre question, la réponse est :« Oui, à n'en point douter. » Il y a des manifestations de vie en nombre infini à travers les galaxies, dispersées comme des étoiles au firmament. Certaines peuvent être vues par un œil humain, et d'autres ne peuvent être ni vues ni touchées. Ces êtres que vous qualifieriez d'« invisibles » occupent tout simplement une autre dimension que la vôtre. Leur milieu de vie serait hostile à la densité de votre nature humaine, c'est pourquoi ils se situent dans une autre latitude qui leur convient, une de celles que vos scientifiques pourraient qualifier de « non existante ».

C'est une erreur de se focaliser sur la condition humaine pour la projeter sur d'autres espèces aux origines différentes ! La traversée du temps est une notion humaine qui n'a rien à voir avec des créatures qui vivent en dehors des limites du temps. La « vitesse de mouvement » est une autre idée reçue, projetée sur des êtres dont les possibilités de déplacement excèdent les vôtres. Ne soyez pas critique quand vous jaugez les progrès de telle ou telle civilisation, voyez-les avec simplicité pour ce qu'elle est : des êtres comme vous – intérieurement – situés dans une autre culture et ayant d'autres capacités.

Maintenant, vous demandez s'il y a des extraterrestres parmi vous sur la Terre ? Seriez-vous surpris si nous répondions par la négative ? Vous pouvez penser que nous coupons les cheveux en quatre, mais le fait est que si des êtres vivent sur terre, ils ne peuvent avoir qu'une nature terrestre. Il n'y a d'extraterrestres que ceux qui ne vivent *pas* sur la Terre. De nombreuses créatures sur terre viennent d'ailleurs, y compris vous-même. Vous venez d'une autre dimension et avez une origine immatérielle. Vous ne pouvez nier cette évidence quelle que soit la distance qui vous sépare de cette prise de conscience.

Pour autant que des visiteurs d'autres planètes sont concernés, ils multiplient les missions vers l'atmosphère terrestre. Nous sommes de ceux-là, nous du royaume des anges et, oui, il y a aussi certains visiteurs qui viennent d'autres dimensions. Parmi eux il y a des scientifiques qui cherchent des preuves de l'existence des êtres humains, ayant entendu parler de vous. Alors nombre d'entre eux ont cherché à confirmer ou infirmer votre existence par des incursions sur terre. Ceux qui peuvent pénétrer dans votre dimension avec leurs capacités se sont penchés sur vous et ont rapporté des comptes rendus de leurs visites. D'autres, incapables de vous « appréhender » en raison de leurs limites de leur perception, ont signalé votre non-existence.

Quand vous discutez de mondes parallèles, voici ce que cela signifie : il existe différentes dimensions dont certaines sont physiques et d'autres non. Celles appartenant à la « dimension supérieure » sont inaccessibles à l'être humain, bien qu'avec vos aptitudes extrasensorielles, vous pourriez arriver à saisir la présence de tels êtres. Ils sont bienveillants de nature et vous pouvez compter sur eux, car aucune des dimensions supérieures ne peut fonctionner en dehors de l'amour. Seuls les êtres d'un ordre inférieur peuvent vivre à l'écart de l'amour, et comme ils sont lourdement handicapés dans leurs missions, ils ne sont pas à redouter.

Q : Les dauphins semblent être venus d'ailleurs et je me demande de quelle origine ils sont et s'ils ont une mission spéciale sur terre. Les dauphins peuvent-ils nous aider ?

R : Nous sourions parce que vous connaissez déjà la réponse et cependant vous posez la question car vous avez du mal à y croire. Est-ce vraiment inconcevable que des êtres puissants et inoffensifs puissent tirer leur origine d'une raison supérieure ? Pourquoi n'auraient-ils pas une origine différente de la vôtre ? En effet votre race a des origines célestes. Tout être sur lequel vous pouvez poser votre regard a une origine céleste car la Terre offre un environnement qui ne convient pas à toutes les espèces. Les êtres issus de cet environnement tendent à s'y conformer : ils ne deviennent pas inférieurs, remarquez bien, mais simplement à l'image de leur origine.

Vous reconnaissez chez les dauphins le royaume dont vous venez vous-même. Leur insouciance, leur comportement ludique à travers les vagues, et leur âme noble vous rappellent votre foyer céleste. Et c'est vraiment l'espoir que les dauphins apportent à cette planète : que votre origine est bien au-delà des limites de votre environnement terrestre. Les dauphins vous rappellent cela ainsi que votre mission. C'est pourquoi vous les aimez tant. Leur unique raison d'exister est de conférer à la planète et à toutes ses créatures de la lumière essentielle.

Passez du temps avec les dauphins quand vous méditez. Ils apportent à la planète une grande énergie et tous ceux qui le désirent peuvent s'abreuver à leur source. Bien que vous aimiez être physiquement présent avec vos amis les dauphins, ces liens peuvent aussi opérer avec l'esprit car les dauphins se soumettent à votre désir de s'unir à eux spirituellement. Ils peuvent vous rencontrer n'importe quand et n'importe où.

Doreen, vous devez parler des dauphins à beaucoup de gens parce que ces êtres sont plus faciles d'accès que nous les anges pour ceux qui ne peuvent se passer de la vue et du toucher pour communiquer. Ceux qui ont besoin de voir se concrétiser les paroles de leurs anges seront transformés par la foi. Les dauphins peuvent déplacer des montagnes et implanter la foi et plus on nage avec eux mieux c'est. Écoutez les cris des dauphins qui sont des appels nous priant de les suivre jusqu'à ce que nous touchions la vérité dans notre essence, dans notre être. Les dauphins seront votre symbole de paix, les dauphins seront votre modèle de joie.

Q : J'ai souvent envie de dormir comme si je manquais de sommeil et pourtant je dors huit heures par nuit et fais des siestes dans la journée. Pourquoi suis-je si souvent fatigué ?

R : Vous qui êtes las de vos tâches quotidiennes, avez perdu le sens des moments exceptionnels. Vous avez cessé de remarquer les papillons qui se posent sur les fleurs, les chatons qui se frottent contre votre jambe, et les nuages qui se font et se défont sans cesse. Votre fixation sur des objectifs lointains vous a ôté l'insouciance joyeuse du moment présent. En vivant ainsi dans le futur, vous êtes incapable de puiser à la source qui alimente votre énergie.

Au lieu de cela, votre façon de penser s'exprime comme « Je me sentirai mieux quand… » et alors vous hypothéquez votre bonheur futur et votre vitalité. Pourquoi ne pas décider plutôt que vous êtes heureux maintenant ? Pourquoi remettre à plus tard l'inévitable ? Est-ce que le bonheur présent ne vous aiderait pas à mettre de côté cet objectif futur tout en vous permettant de vous recentrer sur vos désirs essentiels en sachant que vous êtes déjà heureux ?

Vous avez compliqué votre vie, parce que vous croyez que maints facteurs sont indispensables pour vous garantir le bonheur – un jour. Si, à la place, vous vous accordiez le luxe du bonheur simple et immédiat, vous pourriez éliminer les complications superflues de votre vie. Avec la simplicité, vous pouvez vous détacher de l'emprise de votre emploi du temps surchargé et alléger le poids de vos possessions matérielles.

Q : Je me sens piégé dans un travail qui ne veut rien dire pour moi. Je voudrais vraiment laisser ma marque dans le monde mais je ne peux me permettre de quitter mon emploi. Que puis-je faire soit pour changer d'emploi soit pour donner un sens et du plaisir à celui que j'ai ?

R : Votre intention a déjà creusé un fossé entre vous et votre emploi et nous vous aiderons à vous orienter dans la direction de votre choix. Quand votre cœur vous incite à changer, vous avez le choix d'écouter son appel ou pas. Si vous êtes sensible à son appel, votre premier acte sera d'admettre votre insatisfaction. C'est là où intervient la prière – quand vous demandez de l'aide pour effectuer un changement. Il est nécessaire de vous détacher des modalités de ce changement, car la sagesse de Dieu a bien des solutions et vous ne voudriez pas vous tromper d'orientation en insistant sur le mode d'action. Axez votre prière sur le sens et le bonheur dans votre emploi et puis, attendez, guettez les instructions sur l'attitude à adopter. En travaillant en collaboration avec vos guides célestes, vos changements *se manifesteront* de façon radicale. Comment pourrait-il en être autrement puisque rien ne peut entraver les forces du Ciel ?

Maintenant, réfuter l'appel de votre cœur est une tout autre affaire et c'est là que s'installe l'insatisfaction. Car tant que vous suivrez vos divins conseils, votre cœur se remplira d'allégresse du premier jour jusqu'à l'avènement du changement.

Mais si vous persistez dans le doute ou l'indécision, vous bloquez le cours de l'aide divine. Ne vous fixez pas sur un scénario catastrophe mais pénétrez dans les recoins où la lumière brille intensément. Nous remplirons votre cœur de courage, d'apaisement et de motivation.

Quand vous prétendez ne pas pouvoir transformer une réalité pour telle ou telle raison, vous revendiquez cette réalité comme vôtre. Nous ne pouvons pas contrecarrer votre décision mais nous vous suggérons de vous souvenir que rien ne peut se mettre en travers des changements guidés par le Divin. Aussi ne vous accrochez pas à vos considérations financières mais à la place remettez-vous-en à Dieu, car Dieu ne connaît aucune limite en Son royaume !

Quand vous effectuez vos changements, ils peuvent aller aussi vite que vous le désirez. Vous pouvez toujours ralentir la cadence si nécessaire. Désireriez-vous un changement immédiat que ce serait évidemment possible.

Durant cette période de transition, il est important pour vous de vous recentrer sur la continuité en vous et dans votre situation. Ne jetez pas le blâme sur les autres mais au contraire soyez toujours conscient de la vérité immuable de chaque chose et de chaque être – vous-même y compris –

quant à la lumière divine et l'amour. Voyez en chacun la joie intérieure quelles que soient les apparences. Si vous décernez l'aspect saint chez les autres, vous êtes à même de voir la divinité en vous. Cette façon d'estimer les autres vous permet de vous grandir vous-même et de vous sentir à l'aise dans votre nouvelle situation. Sinon, une perception négative de vous-même comme « inférieur à » vous incitera à remuer de nouvelles idées négatives une fois atteint votre objectif.

Permettez à la guérison d'agir dedans et dehors. Permettez à votre état immuable et divin d'atteindre sa pleine croissance de façon à capturer son essence sur le plan matériel.

Q : Je suis resté seul longtemps sans avoir une vraie relation. Je continue à prier pour qu'une âme sœur arrive dans ma vie, mais depuis un an, je n'ai pas eu un seul rendez-vous ! Qu'est-ce qui me bloque ?

R : Nous cherchons à aider ceux qui souffrent de solitude et de peur. Votre crainte de rester seul à tout jamais est le plus grand obstacle à votre intention d'une union conjugale. Vous rejetez ce désir par vos actes qui sont inspirés par la peur de la solitude. En fin de compte, vous craignez de n'être pas digne d'amour et cette crainte diminue d'autant votre aura. Attirez votre bien-aimée avec la certitude de votre nature divine. *Sachez* que vous êtes l'enfant chéri de Dieu ! C'est par cette prise de conscience que vous attirez tout ce que vous désirez et bien plus encore.

Vous croyez que vos complexes d'infériorité sont dissimulés, mais en réalité ils s'étalent à la vue de tous. Ces craintes émettent un signal qui renvoie à tous les événements qui ont renforcé cette crainte. Comprenez-vous que vos doutes sur le fait d'être digne ou non d'amour attirent des réponses qui renforcent la perception que vous avez de vous-même ? Décidez-vous et veillez à ce qu'un ensemble d'expériences vous soient transmises. Le monde confirmera le degré d'attraction que vous croyez posséder. Tout est dans la tête. Vous pouvez nous croire, Très Cher, vous *êtes* totalement digne d'amour, cependant, tant que vous n'êtes pas convaincu, vous ne pourrez voir la vérité de nos paroles..

Q : Comment savoir si mon partenaire actuel est mon âme sœur ?

R : Cette question nous est très fréquemment posée et nous savons qu'elle recouvre une autre question qui est : « Existe-t-il quelqu'un avec qui je puisse être plus heureux et mieux accordé ? » Demander si cette personne est ou non votre âme sœur n'est pas pertinent par rapport à la véritable question, car même une âme sœur issue de la même pépinière céleste que vous ne suffit pas à vous assurer ce que vous recherchez.

La compatibilité évolue avec le changement d'intérêts et de priorités inhérent à cette relation. Il est impossible pour deux partenaires de partager aptitudes et intérêts, quoique leurs différences puissent aboutir à des échanges qui créent un climat de compatibilité. Le facteur clé c'est la confiance mutuelle. Le reste suivra. La confiance se construit et grandit au fur et à mesure que chacun garantit que son lien amoureux respecte l'autre.

Avec la confiance, vous vous assurez de partager l'un avec l'autre l'épanouissement de votre cœur. Vous pouvez avoir l'esprit tranquille sachant que votre confidence est reçue avec ouverture et respect. Sans la confiance, vous hésitez sur les risques inhérents au partage. Voulez-vous tisser un lien de confiance dans votre partenariat ? Dans ce cas, commencez par partager le contenu de vos cœurs : vos rêves et aspirations. Puis, écoutez en retour ce que votre partenaire vous confie.

Épanchez-vous l'un l'autre avec calme et patience sans critique ou dérision. Car, bien souvent, les partenaires projettent leurs craintes comme des obstacles à l'écoute des préoccupations et des rêves de l'autre. Ils écoutent leurs partenaires en ne songeant qu'à une chose : « *Dans quelle mesure ça me touche-t-il* ? » Quand vous faites preuve d'une écoute attentive, vous verrez les projets de votre partenaire coïncider avec les vôtres. S'ils ne sont pas compatibles avec les vôtres, ce peut être un signal que la relation est caduque.

De la même façon, si vous constatez que votre partenaire ne mérite pas votre confiance, car il vous trahit et vous critique, vous devez essayer de le convaincre sans plus tarder de l'importance de ces critères dans une relation. Si votre partenaire fait la sourde oreille et si vous êtes certain que vos arguments s'appuient sur l'honneur, la confiance et l'amour – il est peut-être temps de considérer que votre relation n'a plus de motif d'exister. À ce point-là, tournez-vous vers le Ciel et demandez à votre âme supérieure et à nous les anges de vous aider. En nous, vous pouvez avoir confiance. Nous sommes totalement dignes de votre confiance si vous acceptez d'écouter la voix de vos émotions. Quelques-uns d'entre vous se sont détachés de leur mécanisme interne au point qu'ils ne savent plus à quoi ressemble la confiance. Alors, laissez-vous guider par nos soins, Très Cher. Nous vous remettrons sur le chemin de la vérité, car votre âme est naturellement confiante et c'est votre âme que nous cherchons à vous révéler.

~

Q : J'ai l'intention de monter une entreprise, mais je ne sais si c'est une bonne chose pour moi. Comment savoir si l'entreprenariat me conviendrait ou pas ?

R : Vous rêvez du travail à votre compte comme d'une sortie de secours et dans de nombreux cas, vous en avez les capacités. Cependant, vous devez tenir compte du fait que si vous plongez tête baissée dans l'entreprenariat sans modérer votre enthousiasme avec une bonne dose de réalisme, vos rêves risquent de s'écrouler avant qu'ils n'aient eu la chance de se concrétiser. Une chose est sûre : vous avez besoin d'une trêve. Et vous *pouvez* vous ménager un moment de répit pour approfondir vos choix en dehors du stress et de la contrainte. Effectuez cette démarche sans tarder. Car seul un esprit éclairé est en mesure de recevoir des conseils pour une initiative aussi importante.

Il est vrai que quel que soit le résultat de votre décision professionnelle, vous en retirerez une expérience et un enseignement valables. Tout ce que vous faites a la capacité de vous soutenir, financièrement et émotionnellement. Cependant, nous vous mettons en garde contre le fait de se précipiter la tête la première dans l'entreprenariat sans au préalable un moment de répit pour tempérer votre enthousiasme et acquérir de nouvelles perspectives et informations.

Nous pouvons vous dire ceci : ne vous illusionnez pas sur tout ce que vous envisagez. Ne pensez pas seulement en termes de profit matériel ou de chances de liberté, car une telle obsession ne peut que vous mener dans une impasse et des pièges supplémentaires sous la forme de dettes et d'ennuis légaux. Concentrez-vous plutôt sur les services à rendre et d'une manière telle qu'ils vous apportent enthousiasme et plaisir. Par le service, vous êtes récompensé de multiples façons. D'abord vous recevez les bénédictions et la reconnaissance des autres – et ne sous-estimez pas le pouvoir qui émane de celui qui reçoit les bénéfices de ces deux forces. Deuxièmement, vous alimentez l'univers par votre service – et l'univers *doit* en retour vous nourrir. Étant donné les capacités d'expansion et de puissance de l'univers, vous serez vraisemblablement le bénéficiaire dans cet échange. Troisièmement, en vous entourant d'activités porteuses de joie, votre énergie intérieure est maintenue enthousiaste et stimulée. Nous en voyons beaucoup qui montent une affaire et qui jubilent en attendant les clients. Quand vous êtes confrontés à des retards et des frustrations, vous commencez à douter de vos rêves. Nous voyons beaucoup de chefs d'entreprise développer une aura de négativité au point que souvent ils éprouvent un soulagement à la fermeture de leur entreprise. On ne doit pas s'apitoyer sur de telles faillites mais comprendre que le propriétaire était là et souhaitait en finir. La seule affaire qui marche est celle qui remplit son propriétaire de joie et de stimulation. Ceux qui éprouvent cette satisfaction émettent des vibrations positives qui incitent les clients à se fidéliser. Cependant, pour maintenir une telle ardeur, un chef d'entreprise doit « rester en alerte » comme vous dites, réévaluer constamment ses projets d'affaires et compter sur les désirs du cœur et les lueurs de l'inspiration.

Ne tardez pas à offrir vos services dans l'instant où vous abandonnez, car de nombreuses occasions d'apporter de la joie vous attendent dès aujourd'hui. Gardez à l'esprit que vous voulez trouver ces occasions et le monde accourra pour vous les procurer. Et vous goûterez les joies du plaisir de recevoir et de donner.

Dans l'absolu, vous *êtes* votre propre patron actuellement car vous décidez de vos choix professionnels. Votre décision de travailler avec les autres vient de vous, c'est vous qui décidez de vos mouvements et de votre emploi du temps. Vous possédez la force qui vous conduit à chercher un emploi que ce soit un travail rémunérateur ou intéressant – c'est *votre* choix.

Q : Pourquoi ai-je l'impression de vivre toujours dans l'urgence ?

R : Votre conscience vous dit que vous n'êtes pas engagé à 100 % dans votre mission sur terre et ces signaux attirent votre attention. Bien que votre âme se meuve dans l'intemporel, elle a été aussi conçue pour accomplir cette mission durant votre existence. Elle fonctionne dans un temps limité tout en s'acquittant de tâches qui dépassent les limites temporelles de la planète. C'est pourquoi l'âme n'est pas sous l'influence terrestre. Seul le corps se plie à de telles règles. Et comme le corps a opté pour un destin limité, l'âme l'incite à prendre des mesures conformes à sa propre mission et qui apporteront des bénéfices au corps. Au niveau du plexus solaire, proche de la région du ventre, vous ressentez souvent un nœud et une angoisse. Il y a une sensation de tiraillement qui vous pousse à avancer et à agir selon les exigences terrestres et une autre force qui vous retient et vous emplit de doute. L'élan en avant vient de votre âme, tandis que l'hésitation est issue de la peur émanant de votre ego. Les deux semblent rivaliser pour contrôler vos plans, cependant l'appel de l'âme est si profond que vous ne pouvez l'ignorer.

Vous qui faites la sourde oreille aux appels de votre âme pour croître, donner, enseigner et guérir, ne pouvez étouffer cette splendide voix. Vous pouvez l'ignorer au niveau de votre lucidité, mais votre sagesse perçoit les tourments de votre âme, très fortement et clairement.

Au lieu de prier pour avoir du répit dans votre emploi du temps, il est plus sage de prier pour être aidé face à vos peurs qui alimentent les diktats de l'ego. Comptez sur nous les anges pour faire entendre la voix suave de votre âme et l'associer au concert de leurs suggestions. *Votre âme est votre gardien* et vous fournira toujours des conseils clairs et encourageants. Elle vous sortira des marécages où vous vous enlisez.

Q : Je me sens bloqué. Pouvez-vous me dire ce qu'est ce blocage et comment l'éliminer ?

R : Très Cher, cette question émane de l'impression qu'une force cherche à s'imposer à votre volonté. Et dans le cas de certains blocages, ce sont tout simplement vos peurs d'avancer vers la lumière. La crainte du bonheur assaille bien des humains et provient d'une profonde méfiance envers ce qui vous échappe. L'inconnu fait souvent peur, par la perspective de l'angoisse qu'il pourrait amener. Et vous vous accrochez de toutes vos forces à votre univers familier même si celui-ci est une source continuelle de maux.

Quand vous cherchez à entendre la voix de Dieu, ou ne faire qu'un avec l'Esprit, et que vous ne pouvez ni entendre ni voir, c'est simplement à cause d'une timidité devant la perspective de la grandeur. Très Cher, vous aussi vous êtes grand, fort et puissant ! N'en doutez pas et permettez-nous d'en renvoyer l'image durant nos échanges. Car, de même que vous constatez avec vos yeux et vos oreilles notre grandeur, de même vous serez témoin de la vôtre.

Ne comprenez-vous pas qu'un blocage est tout simplement une autre façon de dire que vous avez peur de contempler votre moi béni dans le miroir ? Vous vous protégez de l'effroi que vous inspire ce que vous pourriez voir, imaginant que votre propre image sera celle d'un monstre hideux. Et ainsi vous évitez de contempler ce reflet en rejetant le blâme sur quelque « blocage » inconnu.

Un blocage n'a pas de réalité en lui-même à moins que vous n'en fassiez une obsession. Quand vous renforcez votre blocage en affirmant constamment sa présence, vous lui donnez un relief, un poids, une taille ! alors à cet instant même, détournez-vous de l'illusion de ce blocage. Voyez-le d'un œil neuf, comme un tremplin qui vous fera considérer les peurs et les doutes des autres de façon que vous puissiez mieux compatir avec tous ceux qui souffrent des mêmes affres.

Affirmez votre grandeur en sachant que vous la partagez avec le monde entier. Vous qui êtes conscient de votre divinité avez l'obligation de conscientiser les autres. Grâce à Dieu, nous attirerons vers vous les autres qui en sont dépourvus. Vous leur expliquerez leur propre grandeur et vos aventures en ce domaine seront nombreuses et variées. Réjouissez-vous de toute leur richesse. Imprégnez-vous et venez vous abreuver souvent à notre source.

~

Q : Comment savoir quand une relation est terminée et que c'est le temps de laisser tomber ?

R : La lassitude s'installe dans toute relation où la communication manque de sincérité et de spontanéité. Pensez à une relation à ses débuts : vous partagez le contenu de vos cœurs et vous vous exclamez joyeusement « Moi aussi ! » Vous vous identifiez à votre nouvel amour et vous réjouissez quand vous trouvez en l'autre des points communs.

La rancœur s'installe dans une relation quand vous vous centrez sur les différences qui vous séparent de votre compagnon. La méfiance vous fait hésiter à partager le contenu de votre cœur avec l'autre. Et quand vous réprimez votre candeur, vous vous privez l'un l'autre de votre énergie. La baisse d'énergie vous éloigne l'un de l'autre.

Parfois une relation stagnante peut être revitalisée en créant les conditions d'une nouvelle rencontre où vous partagez sans aucune réserve le contenu de vos cœurs. Cette approche où vous mettez de côté les réticences et vous focalisez sur vos espoirs, vos rêves et vos aspirations – sans aucune critique de votre partenaire – peut restaurer une relation moribonde. Cela vaut sûrement la peine de voir si votre relation peut être ainsi revivifiée.

Chaque relation a, tel un cœur, son dessein sacré. Parfois cela implique que nous apprenions la patience et la compréhension. Parfois la relation peut nous aider à remplir le but de notre vie. Ce n'est pas par hasard que nous faisons des rencontres. Même les plus banales ont une utilité. Nous nous sentons le plus excités quand nous reconnaissons être en présence d'une nouvelle personne avec qui nous partageons le sens de la communication. Cette attraction est le signe que cette rencontre a un objectif. Quand celui-ci est atteint, l'attraction cesse. À ce point-là, vous devez choisir soit de mettre un terme à la relation, soit de la mettre en veilleuse ou soit de la continuer sur de nouvelles bases. Quoi qu'il en soit, vous saurez que vous passez votre temps avec un maître béni, tout comme vous. Chaque personne avec laquelle vous passez ne serait-ce que quelques minutes est la même que celle avec qui vous passez l'éternité. Personne n'occupe plus ou moins de place dans le scénario de votre existence. Tous apportent des cadeaux à partager qu'ils placent à vos pieds en conclusion de la relation. Votre reconnaissance à l'égard de tous les frères et sœurs avec qui vous avez passé quelques moments s'impose.

Ainsi comment savoir si une relation est terminée ? Vous le saurez si vous avez été malheureux pendant quelque temps et avez essayé de transmettre en vain votre mécontentement à votre partenaire. Si la motivation à rester ensemble n'existe plus, alors c'est le temps de sortir de là. Vous ne voudriez pas vous empêcher vous et votre partenaire de rencontrer une nouvelle personne qui contribuera à apporter une pièce essentielle dans vos vies respectives. Vous allez vous aider l'un et l'autre en discutant vos options – incluant une possible séparation – afin de créer un vide que la nature pourra combler avec une nouvelle rencontre.

Q : Que disent les anges de l'homosexualité ?

R : Cette question s'apparente à celle du bien et du mal, et nous nous centrerons sur – ce que vous appelez – « les droits inaliénables ». Ceux-ci incluent votre droit de choisir et de prendre des décisions sans aucune limite ni restriction. Plus qu'un droit, c'est un devoir de surmonter les obstacles et d'être libre et sans limites. Il en est de votre orientation sexuelle comme de votre liberté d'expression.

L'origine de l'humanité a eu lieu quand des êtres humains ont fait germer l'idée de l'indépendance dans leur univers mental. Cela a fait naître l'idée de planètes et de lieux propices à l'exploration du champ de la conscience. Quand des humains sont apparus sur cette grande planète, ils n'étaient pas habitués à contrôler leur vie à un tel degré. Alors ils ont conçu certains liens de dépendance. Puis ils ont imposé des règlements, des lois. Tout cela est le fruit de la méfiance inhérente à l'humain sur sa capacité à se prendre en main.

Les corps que vous possédez font partie de cette expérimentation dans laquelle les humains cherchent à équilibrer leur indépendance avec la maîtrise de leur libre arbitre. Ainsi, par inadvertance ils se limitent en coulant leur âme dans le moule du corps et puis en faisant des efforts désespérés pour retenir ce corps. De tels efforts les détournent de ce qui est l'essence même de l'être, à savoir la puissance de l'amour.

Vous qui *êtes* amour divin, vous ne pouvez plus garder cette attitude qui vous éloigne de l'amour. Quand règne la confusion sur l'origine de votre vide, alors vous cherchez à y remédier avec le corps, et, pour combler ce vide, vous cherchez à satisfaire ses appétits. Cependant la satisfaction des besoins corporels reste éphémère, tandis que les nourritures spirituelles sont toujours certaines et éternelles.

C'est pourquoi nous ne nous mêlons pas directement de la nature de votre sexualité entre autres appétits, sauf s'ils vous détournent de l'amour divin, qui est éternellement en vous et en tant qu'être. Quand votre appétit crée des barrières au surgissement de l'amour, alors nous intervenons d'abord par des rappels sur la nature du bonheur, puis par des messages plus précis concernant votre foyer céleste. La honte et la culpabilité ne font pas partie de notre vocabulaire, alors que votre ego vous poursuit avec ces conditions de non-amour. Vous, dont les fondements reposent sur l'amour, pouvez à peine supporter quoi que ce soit qui ne ressemble pas à l'amour.

La nature de votre orientation sexuelle est le cadet de nos soucis. Le message que nous vous adressons est essentiel à votre bonheur : vous êtes déjà une créature divine. Aucune amélioration n'est souhaitée ou nécessaire pour atteindre cet état de grâce. Rien ni personne ne peut vous spolier de votre héritage divin comme fils et filles de Dieu. Ce que vous faites de la *conscience* de votre existence relève totalement de vous. Vous avez le droit de créer les conditions d'existence que vous souhaitez, qu'elles soient associées avec la persécution, la honte ou la culpabilité, ou qu'elles soient basées sur le service et la dévotion à la lumière interne. Notre rôle consiste essentiellement à vous accompagner, en vous protégeant des égarements dans lesquels vous tombez, si vous requérez notre aide. Nous ne pourrons jamais cesser de vous aimer, ni maintenant ni jamais. Sortis de l'amour divin et forts grâce à lui, nous savons pertinemment que nous sommes en relation avec votre moi supérieur : celui de notre Créateur, qui est Dieu.

Q : Comment savoir si je dois déménager ?

R : Quand vous sentez le besoin de changer de contexte, vous devez considérer plusieurs facteurs et prioritairement si c'est votre moi supérieur qui vous le suggère véritablement. Si le conseil est d'origine divine, votre moi supérieur vous permettra de comprendre le message. Vous rencontrerez aussi d'autres occasions ayant trait à votre déménagement. Vous aurez ainsi une irrésistible hantise de déménager. Et malgré tout, le contraire peut être vrai, quand votre ego s'efforce à envisager le bonheur dans un avenir vague. Votre ego, comme vous le voyez, essaie de vous convaincre que le déménagement est dans votre intérêt, alors que cela peut provoquer des crises dans de nombreux aspects de votre vie. Le déménagement vous prive de nombreuses ressources et cela prend un bon moment pour s'en remettre. Cependant dans certains cas, le déménagement est vraiment le symbole du « Adieu le vieux et bonjour le neuf ».

Vous devez donc écouter cette voix en faveur de votre déménagement et l'étudier de près. Vous pousse-t-elle à vous échapper ? C'est la voix de l'ego. Ou bien vous suggère-t-elle de déménager pour vous rapprocher de Dieu ? C'est votre moi supérieur inspiré par Dieu. Considérez les alternatives à un déménagement, par exemple transformer votre environnement actuel pour créer une sensation de nouveauté. Demandez l'avis des experts pour les meilleurs moyens d'améliorer et d'agrémenter votre situation actuelle.

Quand votre déménagement est d'inspiration divine, vous ne vous interrogez pas sur la décision car le besoin est si fort et si pressant dans votre tête qu'il n'y a pas l'ombre d'un doute. Quand votre déménagement est guidé par Dieu, vous saurez de manière certaine que votre présence est *requise* dans une autre communauté. Vous vous sentirez *attiré* vers votre nouvel emplacement plutôt que d'éprouver le sentiment de vous *échapper* de votre situation actuelle. C'est seulement grâce à cette attirance que vous saurez que c'est votre vrai foyer. Ne cherchez pas à forcer ou pousser les choses car c'est seulement une période transitoire pour vous. Priez, attendez et écoutez les conseils que nous apporterons sur nos ailes célestes.

Nous *voulons* vous aider à aménager votre situation pour vous procurer la paix, le réconfort et le bonheur. Nous vous aiderons à reconnaître le lieu et le moment propice pour un déménagement. Jusqu'à ce que vous ayez acquis une telle certitude, nous vous prions de vous épanouir dans la sérénité au sein de votre situation actuelle. Poursuivez votre chemin en attendant que votre moi supérieur ait pris la ferme décision de bouger. Si vous attendez patiemment, nous vous promettons un déménagement paisible et harmonieux, avec toutes les portes s'ouvrant devant vous.

Q : Que se passe-t-il quand quelqu'un se suicide ?

R : Quand les êtres cherchent à supprimer la douleur en détruisant leur principe vital, c'est que leur ego les pousse à fuir. L'ultime réaction de fuite est d'essayer de quitter la planète Terre en s'anéantissant. Ce plan ne marche jamais, comme vous le savez, la conscience ne meurt jamais, même si le système respiratoire s'arrête.

Puis une fois que le corps a été abandonné, les âmes gagnent un plan supérieur de conscience. Leur souffrance est soulagée par nous mais elle est ravivée chaque fois que l'âme contemple le chagrin des membres de sa famille sur terre et la douleur provoquée par son acte. L'âme mêle ses larmes aux vôtres et souffre à votre unisson. Ce chagrin est au cœur de la situation quasi infernale dans laquelle sont plongés ceux qui commettent un suicide.

Il n'est pas vrai que ces âmes sont punies ou jugées d'une façon quelconque mais beaucoup de ceux qui commettent un suicide s'infligent des punitions et se traitent sans commisération. Et par conséquent ils souffrent réellement ! Vous pouvez beaucoup les aider en écartant toute idée de colère, de culpabilité et de crainte et en vous centrant uniquement sur l'amour et l'empathie pour tous.

Soyez généreux avec les personnes concernées en les inondant d'une aura de lumière blanche. Voyez-les flottant sur un nuage de compassion. Ne vous souciez pas de la sécurité ou du confort de vos aimés et ne vous complaisez pas dans d'éternels remords. Laissez le blâme faire place à la compréhension et permettez à l'amour de guérir toutes les blessures.

Chaque fois qu'une âme se donne la mort, des anges supplémentaires sont envoyés au chevet de la famille, car le Ciel a une profonde compréhension des difficultés liées à l'incarnation. Et pour ceux qui cherchent la fuite, il y a certainement d'autres échappatoires que le suicide. Cependant il y a ceux qui sont inconscients de ces alternatives et qui voient le suicide comme la seule porte de sortie pour s'échapper. Soyez compatissant à leur égard, Très Cher, et sachez que ces individus, tout comme vous, ont agi à partir de ce qu'ils croyaient juste. Et bien que vous puissiez qualifier leurs actions d'« égoïstes » sur beaucoup de points, ces âmes cherchaient à vous aider en disparaissant de votre sphère. En effet, ceux qui commettent un suicide se sentent indignes de l'amour et de l'attention de leur famille. Ils cherchent à s'éliminer complètement et, une fois leur décision prise, ils cherchent rarement une solution autre que celle sur laquelle ils ont jeté leur dévolu.

Puis ils portent atteinte à leur vie, parfois de manière brutale, parfois de manière planifiée. Ce n'est pas à nous de décider du juste et de l'injuste, une fois que l'acte a été commis. Notre responsabilité est d'alléger la peine par la prière, l'amour de Dieu et la compréhension.

Sachez que l'on s'occupe de ceux que vous aimez – qu'ils soient sur terre ou avec nous les anges dans le monde spirituel. Nous les prenons sous notre protection et nous les enveloppons de notre force puissante qui les aide à se sentir à l'abri et aimés. Nous n'abandonnerons aucun de ceux que vous aimez. Quels que soient les actes qu'ils ont pu commettre, notre amour est inconditionnel et sans jugement. Nous savons que la mort n'est pas la fin et que la douleur est une illusion face à l'amour. Une fois au ciel, vos chers défunts mesurent l'étendue et la profondeur de votre amour pour eux.

Et dans ce qui peut sembler le pire des cas, nous vous envoyons des quantités supplémentaires de lumière. Traitez-vous avec douceur, Très Cher, et sachez que votre demeure est en Dieu.

Q : La vie est-elle basée sur le libre arbitre ou bien tout est-il déjà prévu ?

R : Le libre arbitre est laissé à votre discrétion comme de suivre ou pas la voie qui vous a été assignée. Le libre arbitre existe, c'est certain. Et pourtant parfois vous choisissez de ne pas voir la vie sous cet angle. Et ce choix du *point de vue* est un libre choix ! Vous vous abritez derrière une carapace de victime en prétendant que vos choix pris à la légère ne dépendaient pas de vous. De cette façon vous cessez de sentir la flèche acérée de la blessure qui saigne suite aux décisions que vous avez prises. Une fois encore un centrage sur l'extérieur vous enlève la capacité de mettre fin à ces choix mal avisés. Seul un point de vue centré sur l'intérieur peut interrompre une situation qui s'éloigne des rives de l'amour.

Il n'y a pas de « mauvais sujets » dans vos rangs, seulement des mauvais choix. Ce n'est pas pour dire qu'ils sont absolument bons ou mauvais, car qui pourrait se targuer de le faire ? Cependant il y a des choix basés sur l'amour et d'autres basés sur la peur. Et ces derniers génèrent la misère tandis que les premiers vous maintiendront en paix dans votre conscience.

Voyez-vous maintenant en quoi c'est un mauvais choix de croire que ce sont les autres autour de vous qui sont responsables de votre mauvais choix ? Un tel point de vue émane de la peur et se prête à la misère et au rejet. Car pourquoi essaieriez-vous quelque chose si vous êtes une victime des circonstances extérieures et de la méchanceté des gens ?

À la place considérez plutôt un point de vue basé sur une totale liberté. Vous qui avez un tel pouvoir inégalé, votre volonté ne s'est jamais disjointe du Créateur et ainsi elle est en harmonie avec la Sienne. Nous qui avons la mission de veiller sur vous tirons notre origine de cet Esprit Saint qui est en chacun de nous. Il ne peut y avoir de séparation pas plus que ni l'un ni l'autre ne peuvent exister.

« La loi du libre arbitre » dont vous nous parlez souvent est plus un sujet qu'une loi. Le mot *loi* implique que cela peut être transgressé. Cependant, ce n'est jamais le cas. Nul ne peut entraver ou transgresser le libre arbitre car c'est la véritable nature des créatures de Dieu. Rien de ce qui a été créé ne peut être défait.

La façon dont vous attribuez une signification à chaque phrase que vous lisez implique votre libre arbitre, vous pouvez par exemple interpréter nos paroles de multiples façons. Nous vous supplions de suivre l'amour qui est en votre cœur et de garder un point de vue intérieur, mais c'est tout. Nous ne pouvons vous enchaîner ni vous mettre de force au service des autres. Cependant nous pouvons interrompre un courant basé sur la peur en vous rappelant que l'apaisement est dans une autre direction.

Le plan que Dieu a créé à notre intention n'est pas vraiment un plan : c'est une réalité prescrite qui ne contient aucune alternative. La bénédiction de notre Créateur imprègne toutes les créatures et c'est seulement son oubli qui est cause de misère. Vous êtes déjà plongé dans cette réalité bénie et n'avez nul besoin de la chercher plus longtemps.

Ainsi, ne voyez-vous pas que votre question a reçu une réponse à deux niveaux ? La volonté de Dieu et sa bénédiction sont fixées de toute éternité. Et votre libre arbitre consiste simplement dans votre capacité à choisir entre cette bénédiction ou une autre réalité. Nous sommes auprès de vous pour que vous choisissiez le première. Car, dans la bénédiction de Dieu, aucun ange n'est nécessaire pour vous sauver de la peur ! Aucun problème qui ne puisse être résolu. Car quoi d'autre que ce qui reflète les peurs humaines pourrait avoir besoin de notre aide ? Dans le royaume de Dieu, vous êtes à l'abri.

Q : Comment savoir si mes chers disparus vont bien ?

R : Les soucis sur vos chers disparus sont au départ une projection de votre culpabilité. Vous vous souciez de vos torts passés et que vos chers disparus vous en tiennent rigueur. Vous vous inquiétez sur leur souffrance dans le passage de vie à trépas et vous demandez s'ils ont cessé d'être.

La mort d'un être aimé est sûrement un coup fatal pour les survivants, mais pas pour les âmes défuntes qui traversent les barrières et les limites de la douleur et de la souffrance. Elles ne se posent aucune question sur leur identité car elles sont entourées par des êtres célestes qui les rappellent au souvenir de l'amour de Dieu. Pas plus qu'elles ne se soucient de leur futur car elles vivent dans un éternel présent. Et s'il arrive qu'elles aient souffert durant leurs épreuves terrestres, elles sont maintenant complètement libérées ; elles se délestent du souvenir de ces épreuves et vous demandent d'en faire autant en leur nom.

Ne vous souciez pas de ce que vous n'ayez pu offrir une vie plus agréable à vos chers disparus quand ils étaient en vie ! N'allez pas imaginer que vous devez porter le poids de leur souffrance ! Chaque être se présente tel qu'il est, quand il doit retourner auprès de son Créateur dans la béatitude céleste. Chacun a un rendez-vous divin lorsqu'il soulève le voile du foyer céleste. La-bas, il n'y a pas de place pour les mots désagréables ni pour les jugements acerbes. Entourés de gloire et d'amour vos chers défunts vivent dans l'extase. Ce n'est pas le moment de récapituler les vilenies. Ils font l'inventaire de leur actes passés durant leur vie terrestre. Ils constatent leurs errements et sont guidés par les anges pour ne pas se juger avec dureté, mais simplement apprendre de leurs erreurs et aller au-delà. Le Ciel a les mêmes desseins pour toutes les créatures, pour vous aussi.

Ainsi, vous voyez, Très Cher, nul au Ciel ne vous tient rigueur pour votre manque de jugement. Nul ne garde en mémoire les souffrances sans un effort extraordinaire. Le Ciel ne supporte tout simplement pas la perspective de l'ego et vos chers défunts font resplendir leur amour sur vous. Ne vous inquiétez pas de vos chers défunts, Enfant béni de Dieu, mais à la place, mettez vos efforts dans une vie honorable de service. Construisez votre conscience de la grâce de Dieu et ne vous focalisez pas sur des chimères de souffrance. Vos prières pour intercéder pour vos chers défunts sont transmises directement et c'est le plus grand cadeau que vous pouvez leur faire – pas seulement à eux mais aussi à votre propre moi.

~ ~ ~

Note de l'éditeur : *Ici s'arrêtent les chapitres qui ont été dictés (*channeled*) à l'auteur. Ce qui suit est de la main de Doreen Virtue.*

CINQUIÈME PARTIE

Comment être en symbiose avec vos Anges ?

Qui sont les anges ?

Le terme *ange* signifie « messager ». Les anges apportent des messages de la part de l'Esprit Divin de notre Créateur. Ce sont des dons de Dieu pour nous aider à nous souvenir de notre origine divine, nous rappeler d'être bons et aimants, découvrir et affiner nos compétences pour rendre le monde meilleur et nous délivrer du mal avant que notre temps ne soit écoulé. Ils nous guident également dans le monde des relations extérieures, de la santé, de la carrière et même des finances.

Vos anges sont à vos côtés pour mettre en place le plan de paix de Dieu. De chaque personne rayonnant la paix pourra naître un monde pacifié. C'est pourquoi vos anges souhaitent vous aider sur tout ce qui peut mener à la paix. Vous ne les dérangez pas ou ne leur faites pas perdre leur temps en leur demandant des « petits » services. Les anges savent bien que le stress est causé par une somme de petits ennuis, c'est pourquoi ils sont heureux de vous aider à surmonter tout ce qui se trouve sur votre route.

Maintenant, s'il est vrai que le défi nous aide à grandir, les anges vous disent aussi que la paix nous permet de décupler notre croissance. Grâce à la paix, notre emploi du temps et notre créativité sont plus orientés vers le service à rendre. Grâce à la paix, nos corps fonctionnent d'une manière saine. Grâce à la paix, nos relations se développent et prospèrent. Grâce à la paix, nous sommes d'illustres exemples de l'amour de Dieu.

Régulièrement, je reçois une lettre de quelqu'un qui m'accuse d'adorer les anges. L'expéditeur explique avec insistance que nous sommes supposés n'adorer que *Dieu.*

Je réponds toujours de la même façon : avec amour. Nous faisons tous l'erreur de considérer les présupposés d'une personne sans chercher à vérifier les faits. Ceux qui ont lu au moins un de mes livres, écouté au moins une de mes conférences ou assisté à au moins un de mes ateliers savent que j'insiste sur le fait que toute gloire vient de Dieu et y retourne. Les anges ne veulent certainement pas être adorés. Et je n'ai jamais suggéré qu'ils devraient l'être.

Cela dit, voici un petit rappel : Dieu est partout. Dieu est en vous. Dieu est en moi. Et Dieu est par définition dans les anges. Alors, quand nous rendons gloire à Dieu qui est *dans tous les êtres*, nous rendons gloire à Dieu lui-même.

Certains de mes auditeurs qui ont une mauvaise expérience des religions établies ne souhaitent pas entendre cela. Peut-être c'est une femme qui a été victime d'inceste paternel, alors elle rejette sans distinction toutes les figures paternelles – y compris celle de Dieu (bien sûr, Dieu est une puissance androgyne qui est à la fois notre mère *et* notre père spirituels). Ou bien c'est peut-être un homme qui a eu maille à partir avec un ministre du culte et qui à cause de cela rejette tout ce qui touche à la religion, même ses maîtres spirituels et ses anges. Ou bien c'est une personne qui trouve que la religion est illogique et alors elle arrête de penser aux choses spirituelles. Peut-être une autre personne se sent-elle coupable de son mode de vie et déprimée, car elle craint que Dieu ne la punisse, alors elle essaie de bloquer toutes les voies d'accès à Dieu. Ou encore une femme qui craint que Dieu ne veuille la contrôler et la pousser à supprimer tous les plaisirs de sa vie.

Quelques personnes me demandent si c'est « bien » de parler directement à Dieu ou aux anges ou bien si c'est un blasphème. Je préconise que nous suivions nos croyances personnelles quand nous nous adressons au Ciel. Toutefois, si Dieu, les maîtres dans l'au-delà et les anges sont bien réels, alors pourquoi ne serait-ce « pas bien » de parler directement aux anges ? Vous et vos anges n'êtes pas en train de monter un complot contre Dieu. Les anges (aussi bien que votre moi supérieur), ne défient en aucune façon la volonté divine, c'est pourquoi il n'y a pas à avoir peur de commettre une faute.

Les anges connaissent vos « angoisses nocturnes », tout comme la vérité de l'amour Divin. Dieu, qui est Tout-Amour, n'a conscience de *rien d'autre* que de l'amour. Dieu peut vous dire à quel moment votre conscience lui est fermée et quand vous avez un cauchemar, mais il ne peut vous en donner le contenu. Cela l'obligerait à être moins que 100 % amour. Les anges forment un pont entre la vérité et vos problèmes qui vous font peur. Ils peuvent vous aider à sortir de vos cauchemars et à vous éveiller dans un état de santé, de bonheur, de paix et de prospérité. Ils travaillent en union avec votre moi supérieur et tout maître « ascensionné » qui se situe dans la même lignée spirituelle, tel que Jésus, Moïse, Quan Yin, l'Esprit Saint, Bouddha, Yogananda ou n'importe qui d'autre. Les anges ne jugent pas vos croyances. Ils savent que s'ils essayaient de changer vos opinions, vous ne les écouteriez plus du tout. Ils travaillent plutôt dans le cadre de vos croyances actuelles comme un moyen pour vous rejoindre.

L'ouvrage *Course in Miracles*[1] dit que Dieu ne nous aide pas dans les moments d'ennuis parce qu'Il n'en voit pas la nécessité (ne considérant que l'amour et la perfection, et non pas l'illusion de manque ou de problème), mais il envoie des aides quand nous estimons avoir des ennuis. Ce n'est pas que Dieu nous ignore ; c'est seulement Sa manière de nous aider en sachant que tout est déjà prédéterminé. Dieu a créé des anges pour nous aider à trouver notre voie hors des cauchemars que nous nous créons.

Les anges m'ont dit que nous n'aurions aucun besoin d'eux si nous restions totalement conscients de la présence de l'amour en tout temps. Comme nous zappons entre des états de peur et d'amour, alors Dieu nous envoie des anges pour nous aider à en sortir.

1. *Course in Miracles (Manual for Teachers included)*, 1re éd. Foundation of Inner Peace, 1976, paru sans nom d'auteur (c'est le Dr Helene Schuesmann). Une traduction française existe : Michael Dawson, *La guérison radicale, Une introduction au « Cours en miracles »*, éd. le Souffle d'Or, collection Findhorn, 1997. N.d.T.

Quand vient le temps de partir

Dans mon travail de médium clairvoyant qui s'entretient avec les disparus et en tant que chercheur qui a recensé des centaines de cas de NDE (Near Death Experience ou Expérience aux limites de la mort, N.d.T.), je suis convaincue que nous ne pouvons mourir que lorsque c'est notre heure. Nous pouvons « bousiller » nos vies et nos corps et nous mettre aux « abonnés absents », tant que notre « heure » n'a pas sonné, la mort ne frappera pas à la porte.

C'est avant son incarnation que chacun de nous fait un plan de route. Ce plan inclut la forme que prendra notre projet de vie (écrivain, musicien, thérapeute, etc.). Ce plan inclut aussi une part des expériences importantes et des relations que vous allez connaître. Cette idée ne procède pas d'une philosophie fataliste, au contraire, le libre arbitre de chacun est impliqué dans le choix de ses expériences. De plus, nous ne planifions pas tout à l'avance dans nos vies. Au contraire, nous traçons seulement les grandes lignes et quelques thèmes majeurs, tels que les leçons que nous apprendrons durant notre incarnation (la patience ou la compassion par exemple).

Nous naissons aussi avec des échéances, deux, trois ou plus, qui indiquent le moment où nous quitterons le plan terrestre pour retourner dans notre foyer céleste – par exemple 18, 47 et 89 ans. Chaque fois que nous arrivons à ces âges-là, nous avons un incident (tel qu'une maladie, un accident ou une pensée suicidaire) qui nous offrira la possibilité de rester sur terre ou de partir au ciel. La plupart des gens choisissent de vivre plus longtemps afin de rester parmi les leurs pendant encore une génération ou deux. Mais quelques personnes préfèrent partir tôt et retourner au ciel avant de vieillir sur terre. Bien que leurs corps soient jeunes, leurs âmes peuvent être bien plus vieilles que la vôtre ou la mienne quand ils quittent le plan terrestre.

Votre moi supérieur sait quels sont les âges prévus pour vous – et vous pouvez les découvrir en lui posant simplement la question : « À quel âge devrai-je quitter le plan terrestre ? » La plupart d'entre vous entendront mentalement trois chiffres. D'autres les verront devant eux. D'autres encore ne recevront rien – simplement parce que leur subconscient ne veut pas entendre la réponse. Il y a ceux qui entendront un âge qui est proche du leur, et puis plus rien. Cela peut signifier que votre temps est presque échu ou que votre ego essaie insidieusement de vous effrayer. Après tout, l'ego fonctionne dans la peur. Pratiquement tout le temps, vous obtiendrez des âges plus avancés que le vôtre, mais votre peur vous empêchera d'entendre ces chiffres. La relaxation, la respiration et la méditation peuvent vous aider à entendre correctement les chiffres.

La Milice angélique prévoit qui sera à vos côtés : anges gardiens, guides spirituels, etc. Chacun de nous a au moins deux anges gardiens, du début jusqu'à la fin. Nous avons au moins un guide spirituel et habituellement plus. Les anges gardiens sont des êtres qui ne se sont jamais incarnés en humains (à moins qu'ils n'aient été des anges incarnés, un sujet au-delà du cadre de cet ouvrage mais qui est traité dans mes livres *Healing with the angels* et *Healing with the fairies*). Vos guides spirituels sont habituellement des proches disparus. Et si vous êtes jeune, ce sont des parents décédés peu avant votre naissance.

Ces guides et anges vous aident à rester dans la voie de l'accomplissement de votre projet de vie et dans l'apprentissage de vos leçons personnelles. Ils vous aident aussi à éviter de « chambouler » vos corps et vos vies. Ils interviennent, sans votre permission, si vous êtes sur le point d'être tué avant votre heure. Et quand arrive un de ces âges critiques, là où vous avez le choix de rester ou de partir, les anges et les guides vous accompagnent dans votre décision. En particulier si c'est une personne qui n'a pas encore accompli son projet de vie ou fini d'apprendre ses leçons et spécialement si c'est une personne qui a des proches encore vivants, elle choisira de rester ici-bas jusqu'au prochain âge critique.

J'ai appris d'expérience que les anges ne peuvent nous aider que si nous le voulons bien. En 1995, une voix masculine, claire et forte, m'avertit que, sauf à fermer le toit de ma décapotable, ma voiture allait être volée. Pour diverses raisons, je n'ai pas suivi le conseil de l'ange et une heure plus tard j'étais victime d'une agression et tentative de vol de ma voiture. Alors l'ange m'a intimé de crier de toutes mes forces. Cette fois-ci je l'ai écouté et mes hurlements ont attiré l'attention de passants qui sont venus à mon secours.

J'avais le choix, les deux fois où les anges ont essayé de me sauver, soit d'écouter soit d'ignorer. Si j'avais ignoré leur second avertissement : « Criez de toutes de vos forces », alors je ne sais si je serais vivante aujourd'hui. Mais en revanche je sais une chose : si j'étais morte, je saurais au moins que les anges ont fait tout leur possible pour intervenir et empêcher ma mort. J'ai vu ce même type de libre choix chez ceux à qui j'ai parlé – à la fois ceux qui ont frôlé la mort et ceux qui ont succombé et qui m'ont parlé de l'Autre Côté.

Les anges gardiens

Durant toute votre vie, des anges gardiens vous sont attribués personnellement. Encore une fois, ces anges ne se sont jamais incarnés comme humains sur terre à moins qu'il ne s'agisse d'« anges incarnés » (des anges qui ont pris forme humaine de façon occasionnelle ou pour une vie).

Comme je l'ai déjà dit plus haut, toute personne, quels que soient sa foi, son rôle ou son style de vie, a au moins deux anges gardiens (qu'elle les écoute ou pas, c'est une autre question). Le premier est une sorte de « coach », celui qui vous pousse à faire des choix en lien avec votre moi supérieur. Celui-là connaît vos talents et votre potentiel et vous encourage à vous illustrer de toutes les façons.

Le second est plus réservé dans ses paroles et ses manières. Il vous réconforte quand vous êtes triste, solitaire ou déçu. Il vous entoure de son affection quand vous n'obtenez pas l'emploi ou le logement dont vous rêviez et vous apaise quand votre rendez-vous du vendredi soir est remis.

Vous pouvez avoir plus de deux anges gardiens – c'est le cas de la plupart des gens que j'ai rencontrés. Cependant mon échantillon est basé sur les gens qui assistent à mes ateliers et comme ils apprécient les anges ils en attirent plus. Ce n'est pas que les anges cultivent des préférences pour leurs admirateurs ; c'est juste que ceux qui ont une inclination angélique en demandent plus. La requête est toujours satisfaite peu importe qui demande.

Nos anges ont des énergies sexuées qui les font agir de manière masculine ou féminine. Cependant, chacun de nous a des anges avec des proportions variables de masculin et de féminin. Ainsi vous pourriez avoir trois anges masculins et un ange féminin, tandis que votre sœur aurait deux anges féminins.

Tous les anges ont réellement des ailes et une apparence angélique, comme ces scènes de la Renaissance que l'on retrouve sur les cartes de vœux et les peintures religieuses. D'après mon expérience, ils n'utilisent pas leurs ailes pour se déplacer, car je n'ai jamais vu un ange battre des ailes. En revanche, je les ai vus entourer une personne de leurs ailes pour la réconforter et c'est à ma connaissance le seul usage de ces ailes. Une fois, les anges m'ont dit que la seule raison pour laquelle ils avaient des ailes était due à nos représentations occidentales : « *Les premiers qui ont peint des anges ont pris notre aura de lumière pour des ailes, alors ils nous ont peints avec des ailes et c'est ainsi que nous vous apparaissons afin que vous sachiez que nous sommes bien des anges.* »

Il est intéressant de noter que les anges gardiens préposés aux personnes de religions orientales, tels que les pratiquants du bouddhisme ou de l'hindouisme, n'ont habituellement pas d'ailes. Ces anges ressemblent aux *bodhisattvas* (êtres illuminés), et jouent le même rôle que les anges gardiens occidentaux : apporter amour, protection et conseils à ceux auxquels ils ont été attribués. Les seules exceptions sont celles des Orientaux qui viennent de cultures éclectiques ou du New Age. Dans ces cas-là, ils ont autour d'eux une multitude de maîtres spirituels et m'affirment : « J'ai appelé *tout le monde* pour venir à ma rescousse ! »

Les archanges

Les archanges supervisent les anges gardiens. Ils sont en général plus grands, plus forts et ont plus de pouvoir que les anges. En fonction de vos croyances personnelles, ils peuvent être 4, 7 ou un nombre indéfini. Dans ce livre, l'archange Uriel dit que nous pourrions rencontrer d'autres archanges dans un futur proche, tout comme découvrir de nouvelles planètes ou des systèmes solaires.

Les archanges n'appartiennent pas à des catégories définies et ils aident n'importe qui, sans se soucier de sa culture religieuse ou non religieuse. Ils sont capables d'être avec chacun de nous, personnellement et simultanément, parce qu'ils sont au-delà des contraintes spatio-temporelles. Imaginez ce que serait votre vie si vous pouviez vous trouver à différents endroits en même temps ! Eh bien, les anges disent que la seule raison pour laquelle nous ne pouvons pratiquer l'ubiquité, c'est que nous *croyons* fermement ne pouvoir être que dans un seul lieu à la fois. Bientôt, d'après les anges, nous apprendrons comment lever ces restrictions.

La raison pour laquelle j'insiste sur ce point est que certains s'inquiètent d'appeler l'archange Michel par exemple, ils craignent de lui faire rater un rendez-vous plus important. C'est dire si nous projetons nos limites humaines sur les archanges ! Le fait est que les archanges et les maîtres "ascensionnés" peuvent être avec tous ceux qui font appel à eux et avoir une rencontre complète et unique avec chacun. Ainsi sachez que vous pouvez appeler mentalement les archanges pour avoir de l'aide. Aucune prière formelle n'est nécessaire.

Le nombre exact des archanges dépend de votre système de croyances ou des textes traditionnels que vous avez consultés. La Bible, le Coran, le Testament de Lévi, la Kabbale, le troisième livre d'Enoch et les écrits de Dionysius donnent chacun des listes et des descriptions qui diffèrent quant au nombre et aux noms des archanges.

Il y a de nombreux archanges, quoique dans mes ateliers et mes livres, je cite le plus souvent Michel, Raphaël, Uriel et Gabriel. Cependant, les autres archanges m'ont pressée de les inclure dans ma vie et mon travail. Voici donc quelques descriptions d'archanges et les moyens d'entrer en contact avec eux.

- **L'archange Ariel**. Son nom signifie « Le lion ou la lionne de Dieu ». Ariel est connu comme l'archange de la Terre parce qu'il travaille sans relâche au nom des planètes. Ariel supervise les royaumes des esprits élémentaires et s'occupe de la guérison des animaux, particulièrement ceux non domestiqués. Appelez Ariel pour devenir plus familier avec les fées, pour aider à la survie de l'environnement ou pour soigner un animal sauvage blessé.

- **L'archange Azrael**. Son nom signifie « Celui que Dieu soutient ». Azrael est parfois appelé « l'ange de la mort », parce qu'il rencontre des personnes qui sont au stade terminal et les accompagne de l'Autre Côté. Il aide les nouveaux trépassés à se sentir bien et très aimés. Azrael aide les officiants de toutes les religions et aussi les maîtres spirituels. Appelez Azrael pour vos disparus ou tous les êtres chers décédés et aussi pour être aidé dans votre ministère de manière formelle ou pas.

- **L'archange Chamuel**. Son nom signifie « Celui qui contemple Dieu ». Cet archange est connu aussi sous plusieurs autres noms : Camael, Camiel, Camiul, Camniel, Cancel, Jahoel, Kemuel, Khamael, Seraphiel et Shemuel. L'archange Chamuel nous aide dans les moments importants de notre vie. Appelez-le pour trouver une nouvelle relation personnelle, de nouveaux amis, un nouvel emploi ou quoi que ce soit de perdu. Le résultat obtenu, Chamuel vous aidera à développer et consolider votre nouvelle situation. Vous pouvez aussi l'appeler si vous avez besoin d'aide pour éliminer un malentendu dans toute relation personnelle ou professionnelle.

- **L'archange Gabriel**. Son nom signifie « Ma force est en Dieu ». Dans les peintures et écrits des débuts de la Renaissance, Gabriel est représenté comme un archange féminin, bien que des écrits plus tardifs en parlent avec des pronoms masculins (peut-être suite à la profusion d'écrits dus au concile de Constantinople). Il est le messager qui aide tous ceux qui font circuler l'information, tels que les écrivains, les professeurs et les journalistes. Appelez Gabriel pour venir à bout de la peur ou du retard dans toute tentative de communication.

- **L'archange Haniel**. Son nom signifie « La grâce de Dieu ». Appelez Haniel chaque fois que vous souhaitez ajouter de la grâce et ce qui s'ensuit (paix, sérénité, réjouissance en compagnie de bons amis, beauté, harmonie, etc.) dans votre vie. Vous pouvez aussi l'appeler avant tout événement où vous souhaitez « être en état de grâce » : présentation d'une conférence importante, entretien d'embauche, premier rendez-vous.

- **L'archange Jérémiel**. Son nom signifie « La miséricorde de Dieu ». Jérémiel est un inspiré qui nous incite à nous consacrer à des tâches spirituelles. Il est aussi une aide précieuse pour atteindre la sagesse divine. Appelez-le si vous vous sentez « coincé » spirituellement et pour vous insuffler plus d'enthousiasme à propos de votre cheminement spirituel et votre mission divine.

- **L'archange Jophiel.** Son nom signifie « La gloire de Dieu ». Connu aussi sous les noms de Iophiel et Zophiel, c'est le saint patron des artistes qui mettent de la beauté en nos vies. Appelez-le avant d'entamer un projet artistique. Du fait qu'il est aussi engagé dans la dépollution de la planète pour lui restituer sa beauté, vous pouvez lui demander de vous confier des missions dans ce domaine.

- **L'archange Metatron**. Son nom signifie « L'ange de la présence divine ». On dit de lui que c'est le plus jeune et le plus grand des archanges et le seul qui ait marché sur terre sous une apparence humaine (comme le prophète Enoch). Metatron travaille avec la Vierge Marie pour aider les enfants, vivants et morts. Appelez-le pour tout ce qui concerne vos enfants. Il peut aussi intervenir pour susciter l'éveil et la compréhension chez les plus jeunes.

- **L'archange Michel**. Son nom signifie « Celui qui est comme Dieu » ou « Celui qui ressemble à Dieu ». C'est l'archange qui supprime les effets de la peur sur terre. Michel est le saint patron des officiers de police et il donne à chacun du courage et de la résistance pour être fidèle à sa vérité et accomplir le plan de Dieu. Appelez-le si vous vous sentez apeuré ou confus à propos de votre sécurité personnelle, votre mission divine ou pour effectuer un changement nécessaire dans votre vie. De même il peut vous assister pour tout problème électrique ou mécanique.

- **L'archange Raguel**. Son nom signifie « L'ami de Dieu ». Il est souvent appelé l'archange de la justice et de l'intégrité et c'est le champion des victimes de l'injustice. Faites appel à lui quand vous vous sentez dépassé ou manipulé. Raguel peut intervenir en vous donnant des conseils pour équilibrer de manière saine et équitable votre personnalité et vos relations. Appelez-le aussi au nom d'une personne qui a été injustement traitée.

- **L'archange Raphaël**. Son nom signifie « Dieu soulage », parce que Raphaël s'occupe de la guérison des corps. Il aide les thérapeutes y compris ceux qui veulent le devenir. Appelez-le quand vous ou quelqu'un d'autre (y compris un animal) êtes blessé ou malade. Appelez-le aussi pour vous aider dans votre travail de guérison, y compris dans la formation et la mise sur pied d'une pratique privée. De plus, l'archange Raphaël est le protecteur des voyageurs, c'est pourquoi vous l'appellerez pour effectuer un parcours sans incident.

- **L'archange Raziel**. Son nom signifie « Le mystère de Dieu ». On dit que Raziel se tient près de Dieu, si près qu'il peut entendre toutes les conversations divines sur les secrets universels. Raziel nota ses secrets dans un document qu'il confia à Adam et qui éventuellement aboutit dans les mains des prophètes Enoch et Samuel. Appelez-le chaque fois que vous voudrez comprendre des textes ésotériques ou vous engager dans l'alchimie et le processus de concrétisation.

- **L'archange Sandalphon**. Son nom signifie « Frère », parce qu'il est le frère jumeau de l'archange Metraton. Sandalphon est l'archange de la musique et de la prière. Il aide l'archange Michel à évacuer la peur et ses effets (probablement avec de la musique). Mettez une musique douce et appelez Sandalphon pour dissiper toute confusion spirituelle.

- **L'archange Uriel**. Son nom signifie « Dieu est lumière ». Comme il le dit dans son message ci-dessus (voir deuxième partie), l'archange Uriel apporte des éclaircissements dans une situation problématique, ce qui nous permet de trouver des solutions. Appelez-le chaque fois que vous serez dans une situation trop complexe pour penser clairement et trouver des réponses.

- **L'archange Zadkiel**. Son nom signifie « La justesse de Dieu ». Zadkiel nous aide à nous libérer par le pardon et il est connu comme le saint patron de ceux qui pardonnent. Donc, appelez-le pour vous aider à vous libérer des effets nuisibles de la colère et de la rancune (envers vous-même et envers les autres). Zadkiel nous aide aussi à compatir avec les autres au lieu de les juger.

Les maîtres ascensionnés

Les maîtres ascensionnés sont des êtres qui ont foulé le sol terrestre comme des grands dirigeants, des professeurs, des médecins et qui continuent à nous aider de leur place privilégiée dans le monde spirituel. Ce groupe comprend des noms illustres tels que Jésus, Moïse, Bouddha, Quan Yin, Marie, Yogananda, Astar et les saints ainsi que des moins célèbres – tels des yogis qui ont transcendé les limites physiologiques durant leur vie, des pionniers, des inventeurs et tant de héros anonymes. Avec dans leur cœur un amour plus grand que la vie et une inaltérable dévotion pour nous, les maîtres ascensionnés aident quiconque les appelle.

Les anges de la nature

Souvent connus sous le nom de fées, esprits élémentaires ou *devas*, les anges de la nature sont, au même titre que les anges gardiens et les archanges, eux aussi des anges de Dieu. Pourtant, ils sont l'objet de soupçons et sont mal compris. Récemment je me trouvais dans une grande librairie et notais avec joie que tous les livres sur les anges se trouvaient bien sur une étagère marquée « Anges ». Mais je me demandais : *Où sont les ouvrages sur les fées* ? J'ai regardé dans les emplacements réservés au New Age et dans des sections sur la spiritualité sans voir un seul livre sur les fées. Finalement, j'en ai trouvé dans une section de « Mythologie ». J'ai ressenti l'injure au nom des fées et j'ai compris que j'avais reçu la mission de les faire connaître à travers mes livres et mes ateliers.

Les fées sont réputées malicieuses, au mieux, et diaboliques, au pire. À la différence des anges gardiens et des archanges, les anges de la nature ont un ego. Ce sont des anges faits d'une matière plus dense et qui vivent plus près de la terre et, de ce fait, ils ne peuvent qu'avoir un ego.

Les anges de la nature, y inclus les fées, sont des anges de l'environnement divin. Ils sont en charge de l'atmosphère terrestre, du paysage, des étendues d'eau et des animaux. Si vous êtes quelqu'un qui respectez l'environnement, par exemple en recyclant vos déchets ou en ramassant les ordures par terre, les fées vous témoigneront un grand respect. Si, pour parachever votre travail, vous prenez des mesures spéciales telles que d'être bon avec les animaux et d'utiliser des produits nettoyants non agressifs, les fées seront impatientes de vous rencontrer et de travailler avec vous. Les anges de la nature scrutent chaque personne avec qui ils entrent en contact et ils connaissent instantanément votre niveau d'engagement dans le respect de l'environnement. Dès que vous commencez à communiquer avec les anges de la nature, ils essaieront de vous enrôler pour les aider dans leur campagne pour l'environnement.

Ceux dont le projet de vie comprend les soins aux animaux ou à l'environnement ont souvent près d'eux des fées ou d'autres esprits élémentaires agissant comme des anges gardiens. Ils s'ajoutent aux anges gardiens et maîtres spirituels. J'ai constaté que ces esprits élémentaires se conduisent généralement bien et ne contrecarrent pas le libre arbitre ou le bonheur des humains. Leurs interventions se limitent habituellement à essayer d'attirer l'attention sur la cause environnementale et les exercices qui libèrent le corps.

À propos de nos chers disparus et des guides spirituels

Si vous avez perdu des êtres chers, il y a des chances que ces personnes aient passé du temps auprès de vous après leur décès. Ils peuvent encore être à vos côtés régulièrement. En plus de nos anges, des archanges et des maîtres ascensionnés, nous pouvons aussi bénéficier de la présence d'êtres chers à nos côtés. Cela inclut des parents décédés peu avant votre naissance, des chers disparus qui avaient un lien étroit avec vous, ou ceux qui dans votre passé vous ont appris quelque chose de spécial concernant votre projet de vie. Un trépassé qui reste perpétuellement avec vous est appelé « guide spirituel ». Habituellement nous avons un ou deux guides spirituels.

Lorsqu'une personne décède, elle se voit offrir la possibilité de rendre des services à la fois pour son avancement spirituel et pour aider les autres. Certaines se portent volontaires pour devenir guides spirituels de leurs proches restés sur terre. Elles choisissent habituellement de rester jusqu'à la fin de la vie terrestre de leurs proches. La mesure du temps est différente au ciel, ainsi si vous vivez jusqu'à 90 ans, cela paraîtra bien plus court pour vos guides spirituels.

Vos guides spirituels sont à vos côtés parce qu'ils vous aiment et prennent soin de vous. De plus vous pouvez avoir un projet de vie semblable à celui du défunt. Le fait d'être à vos côtés leur permet par votre intermédiaire de compléter leur projet de vie si cela n'avait pas été fait de leur vivant. Si vous portez le nom de feu votre chère tante Annette, il y a de grandes chances qu'elle soit votre guide spirituel. Ceux dont nous portons le nom restent souvent près de nous. Peut-être avons-nous reçu le prénom de cette personne parce que nos parents, de manière intuitive, ont vu des similitudes dans nos parcours spirituels.

Ainsi quand tante Annette décide d'être votre guide spirituel, elle doit d'abord suivre l'équivalent d'un programme de formation pour devenir conseiller spirituel. Dans cette école céleste, tante Annette apprend à se comporter avec vous sans interférer avec votre libre arbitre. Elle apprend à se déplacer sur le plan astral et être à portée de l'oreille dans le cas où vous l'appelleriez. Tante Annette apprend à communiquer avec vous grâce à votre moyen favori de communication (« channel »), tel que vos rêves, votre voix intérieure, votre sensation instinctive ou votre mental. Cela prend du temps de devenir guide spirituel. C'est pourquoi les trépassés récents ne peuvent être avec vous continuellement. Seul celui qui a reçu cet entraînement intensif peut être à vos côtés nuit et jour.

Disons que tante Annette a été une journaliste très célèbre et que vous êtes un écrivain débutant. En fait, l'écriture fait partie de votre projet de vie. Alors quand vous demandez au Ciel : « Quelle est ma mission ici-bas ? », tante Annette vous encourage par télépathie à écrire. Bien sûr, votre bonne tante ne fait cela que parce qu'elle connaît la sorte de mission divine qui vous est impartie.

Parfois les gens me demandent si c'est correct de parler avec les morts. Ils ont pu trouver des citations de la Torah mettant en garde ceux qui parlent aux morts et les médiums. Je peux comprendre ces avertissements parce que c'est une erreur d'orienter nos vies en fonction de nos disparus, de la même manière que c'est une erreur d'orienter nos vies en fonction de ceux *qui sont avec* nous.

Notre moi supérieur, en liaison avec notre Créateur, est celui vers lequel nous voulons diriger notre vie. Nos chers disparus peuvent certainement nous aider, ce ne sont pas automatiquement des saints, des anges ou des êtres spirituels simplement parce que leurs âmes sont passées de l'autre côté. Toutefois, ils peuvent travailler en liaison avec Dieu, l'Esprit Saint, les maîtres ascensionnés, et les anges pour nous aider à remplir les desseins de Dieu (lequel ne forme qu'un avec notre moi supérieur). Je pense que le bon motif pour contacter les disparus c'est d'en solliciter une aide supplémentaire et de maintenir avec eux une relation approfondie et pure.

Pour ceux qui sont adoptés

Je me suis souvent posé des questions à propos des guides spirituels pour les personnes adoptées. J'ai constaté que celles-ci ont plus d'anges et de guides spirituels avec elles que les autres. Une personne adoptée a toujours un guide spirituel issu de sa famille biologique – je n'ai jamais vu d'exception à cela. Il peut être un parent décédé, ou un enfant du même lit, ou un grand-parent, une tante ou un oncle. Il n'est pas important d'avoir déjà rencontré ce parent ou non. Le lien familial existe, peu importe qu'il ait été créé du vivant de ce guide ou pas.

De plus les personnes adoptées ont des disparus parmi leurs amis et leur famille d'adoption avec lesquels ils ont fait un bout de chemin. Je crois que les personnes adoptées ont plus d'anges que les autres et ce afin de les protéger, de les aider à s'ajuster aux changements de la vie résultant du processus de l'adoption.

Comment approfondir les relations avec les chers disparus

« Est-ce que mes chers disparus vont bien ? » est une question qui revient souvent. La raison en est simple : la peur que le cher disparu se trouve dans un lieu quelque peu « infernal », littéralement ou au sens figuré. Cependant mes lectures angéliques montrent que 90 % des décédés vont bien. La seule gêne qu'il ont c'est avec vous et moi, spécialement si nous sommes obsédés par le ressentiment au point de rester bloqués et paralysés. Vos chers disparus s'occupent de leur vie et veulent que vous fassiez de même. Si vous restreignez vos progrès spirituels ou votre bonheur à cause d'un grief, vos chers disparus feront de même.

En fait, il est bon de dire que les seuls problèmes de ceux qui sont au ciel, c'est… *nous* ! Si nous vivions heureux, avec des vies bien remplies, nos disparus chanteraient et se réjouiraient au ciel dans de joyeuses fêtes.

Au ciel, les âmes se sentent physiquement merveilleusement bien. Toute maladie, blessure et handicap disparaissent dès que l'on quitte le corps. L'âme est intacte et en parfaite santé. L'âme se sent comme n'importe qui, moins le poids et la douleur d'avoir un corps.

Au ciel, les âmes se sentent émotionnellement merveilleusement bien aussi. Envolées les contraintes temporelles et financières et plus de pression ou de soucis (sauf si nous manifestons un désespoir démesuré et que nous poussons nos disparus à la dépression). Une âme au ciel est libre de rendre manifeste toute chose ou état tel un voyage autour du monde, une belle maison, du travail volontaire et du temps passé avec famille et amis (vivants et décédés).

« Mais que se passe-t-il si mes chers disparus m'en veulent ? » Cette autre question m'est souvent posée. Les gens s'inquiètent de ce que des amis ou parents trépassés seraient en colère contre eux pour les raisons suivantes :

- ne pas avoir été là quand le mourant était en fin de vie ou pour son dernier souffle ;
- avoir été engagé dans des décisions concernant l'arrêt volontaire des soins ;
- avoir choisi des modes de vie désapprouvés par leurs chers disparus ;
- s'être disputé avec les membres de la famille pour des questions d'héritage ;
- avoir été en mesure d'empêcher la mort ou empêcher d'en être quelque peu responsable ;
- n'avoir pas trouvé ou traduit en justice la personne supposée responsable d'un meurtre, d'un accident ;
- et avoir eu une dispute avec le défunt peu avant sa mort.

Mais en réalité, après un millier de lectures angéliques, je n'ai jamais rencontré un défunt qui soit en colère contre quelqu'un. Au ciel, vous laissez de côté une quantité de soucis qui pèsent énormément sur terre. Au ciel, vous voyez plus clair dans les véritables motivations des gens, c'est pourquoi vos chers disparus ont une meilleure compréhension des raisons de vos actes passés (ou présents). Ils interviennent seulement dans votre comportement (en cas de mauvaises habitudes par exemple) s'ils constatent que votre mode de vie est en train de vous détruire ou vous empêche d'accomplir votre projet de vie.

Et ne vous inquiétez pas en pensant que grand-papa vous regarde sous la douche ou en train de faire l'amour. Les âmes des trépassés ne sont pas des voyeurs. En réalité, il semble évident que nos guides spirituels ne voient pas notre moi physique ; ils voient seulement notre énergie et notre lumière corporelle. Ainsi, un guide spirituel voit vos véritables pensées et vos sentiments en toute circonstance.

Comme les guides spirituels sont pleinement conscients de votre moi intime, il n'y a donc pas besoin de cacher vos soucis à vos chers disparus. Admettons que vous avez eu des sentiments controversés sur la mort de votre père si vous attribuez aux cigarettes et à l'alcool son départ prématuré. Mais vous vous sentez coupable parce que vous croyez que c'est « mal » d'être en colère contre un défunt, surtout si c'est votre papa.

Votre père sait comment vous vous sentez parce qu'il est capable de lire dans votre esprit et de comprendre à partir de son point de vue au ciel. Nos chers disparus nous demandent de mettre les cartes sur table – d'avoir un échange ouvert et franc sur nos colères non résolues, nos peurs, notre sentiment de culpabilité et nos soucis. Vous pouvez avoir une telle discussion en écrivant une lettre à votre parent, ou bien en pensant ce que vous aimeriez lui transmettre ou bien en lui parlant à haute voix.

Vous pouvez communiquer avec vos disparus en tout temps et en tout lieu. Leurs âmes ne résident pas au cimetière. L'âme est libre et va vers qui l'appelle. Et ne vous souciez pas de déranger la quiétude de vos proches. Tout le monde veut s'occuper d'un travail non terminé avec une personne, que celle-ci soit vivante ou décédée, vos chers disparus sont tout simplement aussi contents et motivés pour cette discussion que vous l'êtes. (Vous trouverez plus d'informations sur la communication avec le Ciel dans le dernier chapitre.)

Le bestiaire angélique

Quelle ne serait pas votre surprise si vous découvriez que parmi vos chers disparus il y a aussi vos animaux favoris ? Vos chiens, chats, chevaux et tout autre animal que vous avez aimé et qui est resté à vos côtés après son décès. Le lien affectueux partagé avec vos animaux quand ils étaient vivants agit comme une sorte de laisse qui les garde éternellement à vos côtés, longtemps après la mort.

Quand je préside des ateliers, je dis à l'assistance ce que je vois : des chiens et chats courant et jouant dans la pièce. Habituellement nous pouvons savoir relativement bien à qui un chien appartient, parce que les chiens restent aux côtés de leur maître. Ces réunions, dans lesquelles les spectateurs découvrent que Médor est dans les parages, sont assez touchantes et émouvantes. Ils découvrent que leur chien a la même personnalité, apparence et comportement que de son vivant. Si le chien était joueur, hyperactif, amical, bien dressé ou étonnamment calme, il garde ses caractéristiques après la mort. Le chien joueur saute dans des tas de feuilles éthérées et court après des balles. Ces feuilles, balles et autres jeux sont-ils suscités par l'imagination du chien ? Je ne le sais pas.

Les chats restent avec leur propriétaires aussi, quoique habituellement ils ne se tiennent pas si près des humains à cause de leur caractère indépendant. C'est pourquoi dans mes ateliers, il m'est difficile de dire à qui les chats appartiennent ; je dois me fier aux descriptions des chats qui courent dans la pièce et à leurs propriétaires qui les « réclament ».

Beaucoup parmi les membres de l'assistance me disent avoir vu ou senti les apparitions de leurs animaux décédés. Par exemple, vous pouvez sentir votre chat Félix sauter sur votre lit ou sentir Grisbi le chien s'allonger sur votre lit à côté de vous. Vous pourriez même éventuellement les voir dans la pièce, du coin de l'œil. Celui-ci étant plus sensible à la lumière et au mouvement que le devant de l'œil, nous voyons souvent des images psychiques du coin de l'œil, mais quand nous tournons notre regard vers l'image, elle semble disparaître.

J'ai vu quelques chevaux et même un cochon d'Inde se tenir autour des personnes comme des anges gardiens. C'étaient des animaux aimés par leurs propriétaires qui continuent à rester à leurs côtés pour servir leur « maîtres ». Les animaux nous aident en nous envoyant leur amour et aussi en nous fournissant un entourage auquel seul notre inconscient est peut-être sensible.

J'ai vu aussi l'esprit des animaux totémiques chez ceux qui ont eu des relations avec les cultures indigènes. Ce sont des aigles, des loups, des ours, qui entourent la tête des humains leur donnant une protection et une sagesse instinctive. J'ai vu des dauphins auprès de personnes engagées dans des actions écologiques aussi bien que des licornes avec ceux qui sont particulièrement en phase avec la nature et le royaume des esprits élémentaires. Je n'ai jamais vu un poisson rouge autour de quelqu'un mais, encore une fois, les poissons rouges vont dans un tunnel de lumière très différent à la fin de leur vie, n'est-ce pas ?

Vous pouvez continuer la communication avec tous vos disparus, y compris vos animaux, à l'aide du processus décrit dans le dernier chapitre.

Messages des enfants qui sont au ciel

Il n'y a probablement rien de plus tragique que de dire « adieu » à son enfant. Cependant les âmes des enfants sont bien vivantes au ciel dans un bonheur définitif. Ces dernières années j'ai limité aux parents d'enfants décédés ma pratique privée de lecture angélique. J'ai beaucoup appris en parlant avec les enfants qui sont de l'Autre Côté.

Perdre un enfant entraîne un maximum de culpabilité chez les parents. Beaucoup deviennent incapables de fonctionner, se demandant s'ils auraient pu éviter – ou si d'une manière quelconque ils sont responsables de la mort de leur enfant. Les parents se persécutent avec des « Si seulement » : « Si seulement je n'avais pas laissé Anne prendre la voiture cette nuit-là ! », « Si seulement j'avais fait plus attention à Daniel quand il disait qu'il n'était pas heureux ! » ou « Si seulement j'avais été plus strict sur la permission de minuit donnée à Jacob ! »

Bien sûr, se blâmer ne ramènera pas votre enfant à la vie. Toutefois j'aimerais partager avec vous quelques informations qui pourront vous mettre un peu de baume au cœur.

— *Les jeunes ont une perspective différente sur la mort.* Les enfants âgés de 5 ans ou moins ne conçoivent pas la mort comme nous. C'est pourquoi il est si difficile d'expliquer à un bambin le trépas d'un parent. « Mais *quand* grand-papa rentre-t-il ? » continuera-t-il à demander, sans tenir compte des nombreuses fois où vous avez expliqué que grand-papa est au ciel.

Ainsi, quand les enfants jeunes et très jeunes décèdent, ils ne savent pas qu'ils sont morts ; après tout, ils se sentent heureux et vivants. Ils se demandent *pourquoi tout le monde pleure.* Ne sachant pas qu'ils sont morts, ces enfants se précipitent vers leur famille accablée par la perte pour leur offrir des cadeaux éthérés et les faire sourire. Une fois où je donnais une lecture à une mère qui venait de perdre sa fille de 4 ans, la maman se mit à sangloter sans pouvoir s'arrêter. Du monde des esprits, la petite fille se mit à dessiner des arcs-en-ciel pour réconforter sa maman. Comme elle présentait chaque arc-en-ciel à sa mère, je l'ai indiqué à celle-ci.

« De son vivant, elle aimait peindre des arcs-en-ciel, me dit la mère en soupirant, elle savait qu'ils me faisaient toujours sourire. »

— *Les enfants au ciel ne gardent pas de rancune.* Je n'ai jamais rencontré un enfant décédé (ou un adulte) qui vous reproche sa mort. Même les victimes de meurtriers pardonnent à leur assassin, comprenant que seule la colère les a blessés. Cependant la victime d'un meurtrier peut coopérer à l'arrestation de celui-ci non pas par esprit de vengeance, mais bien plutôt pour empêcher d'autres meurtres.

Les enfants avortés ne blâment pas leurs parents et ils ne réalisent pas non plus qu'ils sont morts. En fait les âmes des enfants nés avant terme à cause d'avortements ou de fausse couche restent aux côtés de leur mère. Ces âmes ont une « créance privilégiée » sur le prochain enfant que la mère concevra. Ainsi, si vous avez perdu un enfant ou un fœtus et que depuis vous avez eu un autre enfant, il y a de grandes chances que ce soit la même âme. Si la mère n'a pas conçu d'autres enfants, alors cette âme grandit à côté de sa mère et agit comme un guide spirituel. Ou encore l'âme de l'enfant peut rentrer dans le monde physique et s'introduire dans la famille de la mère d'une autre manière, en étant adopté ou en devenant la nièce ou le neveu de cette femme.

— *L'âme d'un enfant peut détenir une grande sagesse.* Même si les corps des enfants sont petits, cela ne veut pas dire que leurs âmes sont jeunes, malchanceuses ou naïves. Ainsi il nous faut accepter que l'âme de l'enfant puisse avoir eu une responsabilité dans la détermination de l'heure de sa mort. Le texte de l'ouvrage spirituel *A Course in Miracles* dit que nul ne meurt sans qu'il y consente. Et j'ai constaté que c'est vrai. Interrogez des médecins ou des infirmières et ils vous raconteront des récits de personnes qui sont mortes de maladies bénignes parce qu'elles le voulaient. Ils vous diront aussi des histoires ahurissantes de personnes qui ont décidé de vivre, en dépit de toutes leurs complications de santé.

Aussi difficile que ce soit à accepter, votre enfant peut avoir pris la décision de rentrer à la maison, au Ciel, avant que vous ne soyez décidé à le voir partir. Dans mon livre *Angel Therapy*, les anges disent ne pas comprendre pourquoi nous cultivons cette idée que tout le monde doit vivre jusqu'à 90 ans !

Comme je l'ai déjà indiqué, avant notre conception, nous décidons de concert avec nos anges et nos guides spirituels quels seront les âges où nous pourrons sortir de notre corps physique. Un adolescent m'a dit qu'après son accident de voiture, les anges lui ont donné un choix entre la vie et la mort en lui montrant les conséquences de chaque option. Durant ma lecture avec ce garçon et sa mère vivante, il parla ainsi à travers moi :

> « *Je t'ai fait un cadeau en choisissant de mourir, même si tu ne le comprends pas. On m'a montré que si je choisissais de vivre, j'aurais été très sévèrement handicapé. On m'a montré le stress que cela aurait causé sur le plan financier et pour moi. On m'a montré comment le stress aurait affecté votre mariage. Combien je me serais senti coupable et honteux si j'avais choisi de vivre ! Alors s'il te plaît, pardonne-moi, mais j'ai choisi d'abandonner mon corps. Les anges m'ont montré que quelle que soit la douleur que cela représente pour vous, vous allez pouvoir vous en sortir et reprendre votre vie. Ils m'ont montré que toi et papa alliez consolider votre union et vous soutenir l'un l'autre.*
>
> *Alors s'il te plaît, accepte mon cadeau. Accepte mon choix et ma décision. Vous avez toujours été fiers de moi autrefois, et j'ai besoin*

d'être fier de la décision que j'ai prise. Enfin, crois-moi, je suis très, très heureux ici ! »

La mère me raconta qu'à la suite de l'accident, son fils était en salle d'opération, le docteur lui fit part de l'aspect saccadé des signes vitaux. « Il me dit que c'était comme le jeu du tir à la corde, tantôt il revenait dans son corps, tantôt il le laissait et puis il retournait. » La mère a juré de respecter la décision de son fils. Je lui ai conseillé de prier et de rejoindre un groupe d'accompagnement pour permettre à sa foi de ne pas perdre pied, que la mort de son fils ne soit pas inutile et pour savoir qu'il était en paix et heureux au ciel.

— *Toute souffrance est terminée.* De nombreux parents se rendent fous à la pensée que leur enfant a subi le pire avant sa mort. Je ne voudrais pas dorer la pilule sur ce sujet : de nombreuses personnes souffrent physiquement et sont envahies par la terreur durant l'agonie. Heureusement, la miséricorde de Dieu a créé des garde-fous qui nous aident à devenir inconscients face à cette douleur envahissante. Le corps plonge dans le coma, la personne se dissocie et l'esprit quitte le corps avant que la douleur ne devienne insupportable. J'ai constaté que les terreurs des parents sont dix fois pires que les souffrances réelles endurées par l'enfant.

—*Au ciel, les enfants ne sont pas abandonnés.* Tout enfant qui décède est entouré par ses grands-parents, ses oncles et tantes, d'animaux favoris et d'autres enfants. Habituellement les enfants vivant au ciel sont avec les parents qu'ils ont connus sur terre et/ou ceux qui étaient ses guides spirituels. Au ciel, vous pouvez matérialiser toute sorte de foyer qui vous plaît, ainsi les enfants y ont des vies à peu près normales et sont dans de confortables maisons avec leurs proches et amis. Je n'ai jamais rencontré au ciel un enfant solitaire.

— *La grande majorité des jeunes suicidés s'en sortent assez bien au ciel.* Il y a un mythe sur le fait que les personnes qui se suicident vont en enfer pour expier leur « faute ». Le film *What Dreams May Come* avec Robin

Williams semblait souligner cette croyance (bien que je pense que le scénariste ait fait une métaphore sur le suicide, beaucoup de gens à qui j'ai parlé prennent ce portrait au sens littéral).

Le suicide est mal vu au ciel parce que c'est considéré comme un gaspillage d'énergie qui aurait pu servir la Lumière. Toutefois, personne ne juge les victimes du suicide et elles ne sont pas jetées en Enfer ou enfermées dans un donjon. Ces personnes peuvent créer leur propre enfer avec un extrême sentiment de honte quand elles se rendent compte du chagrin causé à leurs parents survivants. Toutefois, la majorité des décédés à qui j'ai parlé après leur suicide s'absolvent rapidement et oublient leurs griefs contre les autres.

Les anges et les guides spirituels agissent comme conseillers en santé mentale auprès de ces personnes. Vos prières aussi aident l'ascension et la guérison de ces personnes. Très souvent on leur assigne des tâches à l'égard de la communauté pour compenser la douleur causée par leur suicide.

~

La culpabilité parentale semble naturelle à l'égard d'enfants déficients et elle est certainement éprouvée quand nos enfants tombent malades, sont blessés ou décèdent : toutefois, *A course in Miracles* nous rappelle que la honte n'est pas une forme d'amour ; c'est en réalité une attaque déguisée. Quand nous nous sentons coupables, nous nous agressons nous-mêmes et déstabilisons le libre arbitre de l'autre personne. La culpabilité est souvent la pire des attitudes quand nous imaginons que nous aurions pu éviter le drame. Peut-être aurions-nous pu, peut-être pas. Mais à quoi sert d'y repenser après l'événement ? Nos chers disparus, particulièrement nos enfants, veulent notre bonheur. Et la meilleure route que je connaisse vers le bonheur c'est de rendre service en exploitant nos dons, nos passions ou nos intérêts.

Ce service à la communauté peut être un mémorial pour un enfant décédé, quelque chose qui donnera du sens à une mort qui ne semble pas en avoir. Par exemple, vous pouvez planter un arbre en l'honneur de l'enfant, organiser un marathon de 5 km pour récolter des fonds pour des enfants dans la même situation, donner une conférence à des groupes de parents sur un sujet qui tient à la vie et à la mort de votre enfant, apposer une carte de donneur d'organes au dos de votre permis de conduire (ne manquez pas d'en informer votre famille au préalable), écrire un article sur votre enfant, donner son nom à une étoile ou constituer une fondation en son nom. Que l'effort soit humble ou héroïque, votre enfant l'appréciera beaucoup. Il pourra même vous aider à réaliser votre projet.

La vie continue

Dans les chapitres suivants, vous trouverez des façons de rester en contact avec vos disparus au moyen d'une communication spirituelle. Comme nous venons de le voir dans les deux chapitres précédents, nos chers disparus veulent que nous continuions de vivre en bonne santé, heureux et équilibrés. Et c'est peut-être le plus beau monument que nous pouvons ériger à leur mémoire.

Comment savoir si ce sont vraiment vos anges ou seulement votre imagination

Une petite fille regarde par-dessus son épaule gauche avec l'air d'avoir une conversation.

« À qui parles-tu chérie ? demande la mère.

– À mon ange », répond la petite fille du tac au tac.

Plus tard, la mère m'a raconté : « Ce qui est très drôle, c'est que nous ne sommes pas une famille pratiquante et que jamais nous n'avons discuté d'anges avec elle. D'aussi loin que je me souvienne, elle n'a jamais entendu parler d'anges. »

De nombreux parents peuvent témoigner de telles expériences. Les enfants sont assurément plus ouverts aux anges que la moyenne des adultes. Et pourquoi ? J'ai trouvé à travers mes recherches que la première raison est celle-ci : *les enfants ne se soucient pas de ce que les anges et leurs messages soient vrais ou imaginés.* Ils vivent agréablement l'expérience sans se poser de question sur sa véracité. C'est peut-être pourquoi une étude menée par le docteur William MacDonald de l'université de l'Ohio a montré que les enfants ont des expériences psychiques plus vérifiables que n'importe quel autre groupe d'âge.

Nous adultes sommes si pointilleux pour savoir si notre ange est le fruit de notre imagination que bien souvent nous passons à côté des conseils divins authentiques ! Si nous pouvions être comme les enfants et mettre de côté nos jugements négatifs, alors nous pourrions apprécier pleinement les expériences que Dieu et les anges nous font vivre.

Cependant, souvent notre hémisphère gauche d'adulte contrôle et exige une preuve évidente ; et sans doute les mauvaises expériences nous ont-elles rendus méfiants à ce sujet. Nous voulons des assurances quant à nos préoccupations : notre vie va-t-elle s'améliorer parce que nous voulons quitter notre emploi et nous mettre à notre compte ou laisser notre conjoint et chercher notre véritable âme sœur ?

Heureusement il existe des critères qui nous aident à distinguer entre une véritable expérience angélique et des souhaits pieux (ou des esprits élémentaires). Les expériences avec les anges nous sont transmises par nos quatre sens divins : la vue, l'ouie, la pensée et la sensibilité. Tous nous recevons des messages des anges par ces quatre sens. Toutefois nous avons un sens qui domine et auquel nous sommes particulièrement attachés. Par exemple, comme je suis sensible à ce que je vois, la plupart de mes expériences avec les anges seront des visions. D'autres peuvent être plus en phase avec la sensibilité, l'instinct, les pensées ou l'écoute.

Ressentir les messages célestes

La sensibilité sur le plan physique ou émotionnel est la façon dont beaucoup de gens vivent l'expérience avec les anges. Quand vous n'êtes pas sûr d'expérimenter une visite ou un message angélique, vérifiez les critères suivants :

Une expérience angélique authentique impliquant la sensibilité	**L'imagination ou le conseil fallacieux impliquant la sensibilité**
Sensation chaleureuse, accueillante comme une tape amicale	Sensation de froid et d'irritation
Sensation d'être en sécurité même en cas d'avertissement de danger	Sensation de peur et de panique

Souvent accompagnée de parfums de fleurs sans support réel ou du parfum porté par votre cher disparu	Aucune sensation d'odeur ou alors quelque chose d'étrange et de désagréable
Sensation éventuelle d'un creux sur le divan ou le lit comme si quelqu'un venait de s'asseoir à côté de vous	Sensation éventuelle d'un être en train de chercher un contact sexuel
Sensation éventuelle d'un changement de température ou de pression atmosphérique	La pièce peut être glacée
Sensation d'être touché sur la tête, les cheveux ou les épaules	Sensation d'isolement
Sensation d'endormissement ou d'hyper-activité ensuite	Retour rapide des sensations normales
Sensation profonde que tout cela est réel	Sensation profonde que l'expérience est irréelle
Sensation instinctive et répétitive sur la nécessité d'un changement dans la vie ou d'une nouvelle orientation	Sensation instinctive de la nécessité d'un changement de vie, mais avec des idées issues plutôt du désespoir que des conseils divins
Sensation qu'un familier est à vos côtés, en particulier un cher disparu	Aucune sensation de quelque chose de familier
Se sentir naturel comme si l'expérience est venue d'elle-même	Sentir la contrainte comme si vous aviez voulu faire intervenir l'expérience ou le conseil

Penser les messages célestes

Votre expérience avec les anges peut se faire avec la pensée plus que la sensibilité. De nombreux grands penseurs et inventeurs ont eu des idées originales venant des zones éthérées. Voici comment distinguer le vrai du faux.

Une expérience angélique authentique impliquant la pensée	**L'imagination ou le conseil fallacieux impliquant la pensée**
Répétitive et cohérente	Rare et toujours changeante
Un thème central : comment résoudre un problème ou aider les autres	Un thème central : comment devenir riche et célèbre
Positive et fournissant de la puissance	Décourageante et abusive
Des instructions claires sur les étapes à franchir maintenant et pour les étapes suivantes une fois que vous avez complété les premières	Vous fait entrevoir des scénarios catastrophes
Des idées excitantes qui vous donnent de l'énergie	Des pensées effrayantes et déprimantes
L'idée jaillit en réponse à la prière	L'idée arrive lentement en réponse au souci
L'idée indique des étapes à accomplir et un travail à faire	L'idée tourne autour de comment devenir riche rapidement
L'idée sonne juste et est sensée	L'idée semble vague et mal conçue
L'idée est cohérente avec vos intérêts habituels, vos passions ou vos talents	L'idée n'est reliée à rien de ce que vous avez fait ou qui vous intéresse
Savoir qu'un disparu est près de vous sans le voir	L'idée est d'abord motivée par le désir de sortir d'une situation plutôt que pour aider les autres

Entendre les messages célestes

Dans le cours de Psychologie de première année, il y a une plaisanterie classique sur le fait qu'entendre des voix est un symptôme de folie. Pourtant, beaucoup de saints, de sages et de grands inventeurs ont reçu des conseils venant de voix désincarnées. Avant mon agression en voiture, j'ai entendu une voix claire et forte qui m'a avertie. Et des milliers de gens m'ont confié avoir reçu de semblables messages qui les ont sauvés eux ou leurs proches d'une manière qui défie les explications rationnelles.

Il y a une différence claire et nette entre une voix réellement d'origine divine, une voix de l'imagination ou une hallucination. Je vous donnerai plus loin le moyen de différencier les messages de vos anges et ceux de votre imagination. En ce qui concerne les hallucinations, plusieurs scientifiques indiquent des différence entre les deux :

- Le chercheur D.J. West a donné cette définition de la différence entre une hallucination et une authentique expérience psychique : « Les hallucinations pathologiques ont tendance à garder un schéma plutôt rigide, à survenir de manière répétitive durant une maladie mais pas à d'autres moments, et à être accompagnées par d'autres symptômes et particulièrement des troubles de l'attention et une perte de conscience de l'environnement habituel. L'expérience psychique spontanée [qu'on appelle maintenant « paranormale »] est plus souvent un événement isolé en dehors de toute maladie ou trouble connu et il est avéré qu'elle n'est pas associée à une perte de contact avec l'environnement habituel[2]. »

- Le docteur Bruce Greyson a étudié soixante-huit cas de personnes qui ont eu des examens cliniques pour diagnostiquer la schizophrénie. Il a démontré que la moitié exactement de ces sujets

---

2. West D.J. (1960), « Visionary and Hallucinatory Experiences : A comparative Appraisal », *International Journal of Parapsychology*, vol.2, n°1, p. 89-100.

disaient avoir eu une expérience d'apparition où ils ont vu une personne décédée eux-mêmes ayant les yeux ouverts[3].

- Les docteurs et chercheurs Karlis Osis et Erlendur Haraldsson ont noté qu'au cours d'hallucinations, la personne croit voir un être humain vivant. Durant ces expériences psychiques incluant des visions, la personne croit voir un être céleste tel un ange, un disparu ou un maître ascensionné[4].

Le ciel peut nous parler de multiples façons : d'une voix forte, désincarnée et extérieure à nous-mêmes ; d'une voix calme à l'intérieur de notre tête ; par une conversation qu'il nous « arrive » de surprendre ; ou bien par l'écoute de la musique avec un refrain qui se répète ou encore par la radio.

3. Stevenson I. (1983), « Do We Need a New Word to supplement "Hallucination"? », *American Journal of Psychiatry*, vol.140, n°12, p. 1609-1611.

4. Osis K. & Haraldsson, E. (1997), *At the hour of Death*, 3e édition Norwalk CT : Hastings House.

Une expérience angélique authentique impliquant l'ouie	**L'imagination ou le conseil fallacieux impliquant l'ouie**
Les phrases commencent habituellement par le pronom *vous* ou *nous*	Les phrases commencent habituellement par « *Je* »
Vous percevez quelqu'un d'autre même si sa voix ressemble à la vôtre	Vous avez l'impression de dialoguer avec vous-même
Le message est clairement relié à vos préoccupations et interrogations actuelles	Le message est vaseux, sibyllin ou peu clair
La voix est bien placée et nette	La voix est verbeuse et vague
La voix est amicale et positive même si elle avertit d'un danger	La voix est tonnante, alarmante ou cruelle
La voix demande de prendre des mesures immédiates, y compris de changer vos idées, votre comportement pour manifester plus d'amour	La voix est bavarde et médisante
Une voix vous appelle dès votre réveil	Des mots harcelants sont prononcés
Des bribes de musique « céleste » et désincarnée vous parviennent	Des bruits forts, désagréables ou de la musique discordante se font entendre.
Vous percevez un message sur l'amélioration de soi ou l'aide à apporter aux autres	La voix transmet un message blessant pour vous ou pour les autres

Voir les messages célestes

Vos expériences angéliques peuvent aussi être visualisées que vous soyez éveillé, endormi ou en méditation. Voici comment distinguer les vraies des fausses visions.

Une expérience angélique authentique impliquant la vue	**L'imagination ou le conseil fallacieux impliquant la vue**
Des visites en rêve qui semblent plus que réelles avec des couleurs et des émotions vives	Des rêves ordinaires et que l'on oublie
Voir des étincelles ou des flashes de lumière ou des brumes colorées	Voir des scénarios catastrophes sans aucune instruction pour dominer la situation
Un sentiment de spontanéité et de naturel dans la vision	Le sentiment que vous avez obligé l'image à apparaître
Des visions récurrentes de plume, de monnaie, d'oiseau, de papillon, d'arc-en-ciel, des suites de chiffres, etc. porteuses de sens positif	Chercher un signe mais en trouver qui soit incohérent ou forcer la signification de ce que vous voulez voir
Une vision orientée vers le service des autres	Une vision centrée autour de vous-même gagnant aux dépens des autres.

Faire attention aux messages

Que vos messages vous arrivent comme des visions, comme une voix, une idée, un sentiment ou une combinaison de ces voies, vous pouvez distinguer le vrai du faux en faisant attention aux critères qui sont dans les tableaux de ce chapitre. Soyez sûr que si vous avez à affronter un danger avant que ce ne soit votre heure de partir, vos anges vous donneront un conseil très fort et clair, peu importe sa forme. Les conseils sur la vie quotidienne peuvent apparaître plus subtils, mais dans le chapitre suivant, vous verrez comment augmenter leur précision et leur clarté.

Tout le monde a la capacité de communiquer avec les anges parce que tous sont également « doués » spirituellement. Quelques personnes peuvent sembler plus douées sur le plan psychique que d'autres ; toutefois c'est seulement parce que les premières ont la volonté d'écouter, de croire, de faire confiance à leurs propres capacités extrasensorielles. Le seul blocage qui existe chez les étudiants en développement psychique est qu'ils s'efforcent d'avoir une expérience angélique. Ils veulent si désespérément voir et entendre un ange qu'ils insistent pour voir et entendre. Chaque fois que nous forçons, nous entrons dans la peur. Cela peut être la peur de ne pas être capable de voir ou entendre ou bien la peur de ne pas avoir d'anges ou quelques peurs vagues liées à l'ego. L'ego n'est absolument pas psychique, il est entièrement fondé sur la peur. Seul le moi supérieur basé sur l'amour qui est en chacun de nous peut communiquer avec le Divin.

Ainsi, plus vous vous relaxez, plus il sera facile de communiquer en toute conscience avec les anges. La respiration est une bonne base comme l'attitude positive des enfants qui me disent à propos de leurs rencontres avec les anges : « *Bien sûr*, j'ai des anges. Tout le monde en a ! » Les enfants se fichent de savoir s'ils imaginent leurs visions angéliques : ils les apprécient et les acceptent tout simplement. Il en résulte que les enfants voient et entendent leurs anges gardiens. Si nous arrêtions de nous inquiéter sur la réalité ou non de notre lien divin, nous pourrions dépasser les blocages de l'ego et nous réjouir des dons innés de notre moi supérieur.

Les anges disent ceci : « *La peur est l'agresseur naturel du domaine psychique. La peur empêche votre psyché d'avoir une maîtrise créatrice et veut dominer vos humeurs, votre emploi du temps et vos décisions. Elle vous affaiblit alors que vous êtes tout pouvoir. Votre centre de décision ne peut plus fournir de directives. N'autorisez pas la peur à interférer avec ce qui est votre bonheur, car c'est le royaume de Dieu et ses bénédictions. Vous êtes plus puissant que n'importe quelle force terrifiante. Votre volonté peut venir à bout de la pire des noirceurs. La lumière de votre Créateur écartera toute obscurité si vous le voulez et se concentrera sur la lumière qui est dans votre esprit.* »

Alors, au lieu de douter de votre capacité à entrer en contact avec les anges, voyons comment nous pouvons déjà recevoir leurs messages du Ciel et comment améliorer cette communication. Dans les chapitres suivants, nous verrons comment accroître le volume et la précision des messages de vos anges.

Comment sentir la présence de vos anges

Quand des anges ou des disparus se rapprochent de vous, vous pouvez sentir leur présence. Les nombreuses personnes que j'ai interrogées se souviennent d'une telle expérience. La plupart s'expriment ainsi : « Oui, j'ai pu sentir ma mère avec moi l'autre nuit. C'était tout à fait réel mais je me demande si c'était mon imagination ou pas. »

Nous avons tendance à déprécier notre sensibilité et à ne pas lui faire confiance. Combien de fois avez-vous eu cette incitation au fond de vous-même de *ne pas* entrer en relation avec une personne, de *ne pas* accepter tel emploi, ou de *ne pas* acheter tel produit ou de *ne pas* prendre telle route ? Mais vous avez négligé votre sensibilité, vous avez agi à votre guise quitte à le regretter plus tard.

Que nous soyons ou non à l'écoute de notre sensibilité, de telles situations nous offrent des occasions d'apprendre à faire confiance et à suivre notre intuition une autre fois.

C'est la même chose en ce qui concerne le contact avec vos anges et vos disparus. Vous devez avoir la conviction que votre sensibilité est légitime et vous donner des conseils divins appropriés, ceux que Dieu a placés en vous. Dans le cas de la perception d'un disparu, cela implique la certitude que vous pouvez vraiment distinguer cette personne d'une autre. De cette façon, nous sommes tous des médiums naturellement doués.

La manière de mener des séances médiumniques pour des inconnus est basée sur la même conviction que quand vous le faites pour votre propre compte. Quand je mène de telles séances pour de parfaits inconnus, je m'assure d'abord de l'intention de ceux-ci de contacter leurs disparus. Puis, les disparus récents vont se montrer. La plupart de mes contacts sont visuels parce que c'est mon support favori de communication extrasensorielle. Mais une grande part de ma communication est aussi basée sur la sensibilité.

Après la mort, la personne garde encore le schéma énergétique et les caractéristiques physiques de son moi et c'est ce que voit le médium. Les gens qui voient apparaître leurs disparus disent qu'ils sont exactement comme ils étaient avant, seulement plus jeunes et plus rayonnants. J'ai constaté que le schéma énergétique des défunts ressemble aux ondes du spectre lumineux. Les personnes âgées ont des vibrations plus lentes et plus longues tandis que les plus jeunes ont des vibrations plus rapides. Et les femmes ont des vibrations plus rapides que celles des hommes. Ainsi, *c'est* possible de mener une séance médiumnique uniquement sur la sensibilité, en percevant ces vibrations semblables aux ondes des sonars.

Voici comment faire : chaque personne a une « empreinte » unique de sa personnalité, de son comportement, de ses habitudes, etc. N'avez-vous jamais senti en rentrant chez vous – même s'il y a plusieurs personnes à la maison et que vous n'en sachiez rien – que vous pouvez deviner qui est là ? Disons que vous êtes dans la cuisine en train de préparer un plat et que vous entendez la porte d'entrée s'ouvrir. Sans faire appel à votre logique, vous pouvez sentir qui est entré. Un autre exemple : quand vous arrivez dans une pièce pleine de monde, vous pouvez sentir l'atmosphère de la foule.

De la même manière, quand vos disparus sont proches, ils dégagent une énergie unique que vous pouvez ressentir. Quand je mène des séances médiumniques, je constate que 90 % de mes clients savent déjà quel disparu est à leurs côtés. Mes clients ne sont venus que pour faire valider leur sensibilité. Pour diverses raisons, ils ne veulent pas accepter leur propre sensibilité tant qu'un « expert » extérieur ne la leur a pas confirmée.

Vous imaginez combien c'est difficile pour des médiums professionnels comme moi de mener en public des séances médiumniques à la télévision, dans des ateliers ou à la radio. La plupart du temps, quand je suis dans une séance publique, j'ignore complètement la teneur des informations que je vais transmettre à mes clients. En réalité, je fais confiance à cette sensation instinctive suffisamment pour énoncer à haute voix les informations reçues et dans 99 % des cas, mon client va dire : « C'est exactement cela ! » Cela m'a demandé beaucoup de pratique, des prières, un rendez-vous manqué avec la mort et de nombreux essais et erreurs pour en arriver à ce stade de confiance avec mes sensations instinctives. Je prie pour que nous atteignions tous cet état de confiance envers nos sensations et nos émotions.

Des façons simples de détecter une présence spirituelle

Voici quelques façons simples d'entrer en contact avec nos anges et nos disparus à travers nos sensations :

- Sentir le parfum ou toute autre odeur propre au disparu.
- Sentir des fleurs ou de la fumée alors qu'il n'y a aucun arbre en fleurs ou de feu aux alentours.
- Sentir que quelqu'un vous a touché, a caressé vos cheveux, vous a poussé, protégé enlacé ou embrassé.
- Sentir la présence de quelqu'un assis à côté de vous et apercevoir un creux dans le sofa ou le lit quand le disparu ou votre animal favori vient de s'asseoir ou de sauter dessus.
- Sentir un changement de pression atmosphérique, une tension frontale ou l'impression d'avoir la tête mise sous l'eau.
- Constater un changement dans la température de l'air.

- Ressentir soudain de l'euphorie ou une joie intense.
- Percevoir la sensation profonde que cette expérience est extrasensorielle.
- Sentir que quelque chose de familier est près de vous, comme un disparu que vous avez bien connu flottant à vos côtés.

Les véritables expériences angéliques vous font vous sentir bien, en sécurité, aimé et à l'aise tandis que les expériences fallacieuses vous laissent dans le froid, l'agacement et la peur. Ces dernières peuvent venir de votre ego ou d'un esprit de la terre (esprit élémentaire). Ceux-ci sont des êtres qui ont craint de rejoindre la lumière divine après leur décès, soit parce qu'ils sont attachés à la vie terrestre (possession ou dépendance par exemple) ou parce qu'ils ont peur d'être jugés par Dieu et d'être jetés en « enfer ». Alors, ces êtres restent en contact avec la terre et peuvent contrecarrer le bonheur des vivants. Vous trouverez plus d'informations sur les esprits élémentaires dans mon livre, *The Lightworker's Way* (Hay House, 1997). Mais il faut aborder un sujet « sensible » (sans jeu de mots) : des esprits de la terre contactent des vivants pour un rapprochement sexuel. J'ai rencontré des veufs et des veuves qui trouvent du réconfort à poursuivre leur relation sexuelle avec leur conjoint décédé. Ce qui est complètement différent des nombreux cas de femmes adeptes du New Age qui me disaient avoir des rapports sexuels avec des êtres immatériels. Je considère de telles rencontres comme une régression spirituelle pour un vivant, jamais un esprit de haut niveau ou un ange n'approcherait un humain en vue d'un contact sexuel. Tandis que les femmes que j'ai interrogées mentionnaient parfois des expérience sexuelles positives, le message que j'en retire est que ces activités encouragent les esprits du monde inférieur à demeurer avec nous. Ils peuvent également constituer une barrière pour une nouvelle rencontre : celui ou celle qui fait la cour sentira instinctivement qu'il y a déjà quelqu'un dans la place. Personne ne peut être « violé » spirituellement sans son propre consentement, heureusement. Mais si vous êtes harcelé par une personne (vivante ou morte) et que vous avez besoin d'aide, appelez l'archange Michel pour faire sortir cet intrus. Il vous aidera immédiatement.

Les rencontres imaginaires et de bas niveau nous laissent vides tandis que les rencontres authentiques nous rappellent que nos anges et nos disparus sont toujours proches de nous. Comment dire si c'est un ange ou un disparu qui vous aide ? L'énergie des anges vous propulse en avant d'une manière inexplicable. Vous vous sentez soudainement envahi par de la joie ou de l'amour sans savoir pourquoi. Ou bien vous ressentez quelque chose de tellement fort et profond que, si vous le suivez, votre vie va immédiatement changer. Un disparu vous donnera une sensation particulière et vous pourrez identifier la personne, peut-être en sentant un enveloppement, un toucher, un changement atmosphérique ou une odeur spécifique.

Vous pouvez aussi utiliser votre sensibilité pour tester une sensation intuitive et remarquer comment vous agissez. Par exemple, imaginons que vous ayez un besoin soudain de déménager : vous vous demandez malgré tout si ce changement va affecter votre famille, vos amis, votre carrière. Bien que tout cela ne soit pas encore clair pour vous, vous pouvez « parier sur le futur » et vérifier les conseils célestes.

Au moment où vous imaginez ce que sera votre nouvelle habitation, concentrez-vous sur vos sentiments. Votre cœur se sent-il soulagé, triste, joyeux ou éprouvant une autre émotion ? Est-ce que votre corps se crispe ou se relâche en réponse à votre visualisation ?

Maintenant, comparez vos sentiments à propos de cette visualisation. Vos sentiments sont des jauges de vos désirs et de votre volonté qui ne fait qu'une avec la volonté divine.

Comment accroître votre sensibilité psychique

Si la sensibilité n'est pas votre moyen habituel de communication, vous pouvez utiliser les méthodes suivantes pour ouvrir ce canal de communication divine. Quand nous devenons plus réceptifs à nos sensations et émotions, notre vie devient plus riche, nos relations plus profondes, nous ressentons une plus grande compassion et un immense amour, nous comprenons mieux les autres, nous sommes plus équilibrés et plus aptes à suivre notre intuition.

Voici quelques étapes à suivre pour améliorer votre sensibilité psychique.

- *Dormez avec des cristaux de quartz.* Vous pouvez vous procurer un cristal de quartz clair du type « cathédrale » (un cylindre avec une pointe) dans toutes les librairies spécialisées en matériel spirituel ou chez des marchands de pierres. Placez le cristal au soleil pendant au moins quatre heures pour nettoyer les résidus psychiques de ses précédents propriétaires. Puis placez-le sur votre table de chevet ou sous votre lit. S'il s'agit de votre table de chevet, le cristal doit se tenir avec les pointes vers votre tête. S'il est sous le lit, les pointes dirigées vers votre tête ou votre cœur. Au fur et à mesure que vous serez plus réceptif, vous aurez soin d'éloigner les pointes du cristal. Les personnes à la sensibilité psychique particulièrement développée souffrent parfois d'insomnies quand le cristal est proche de l'endroit où elles dorment.

- *Travaillez avec l'odeur de roses roses ou d'huile essentielle de rose.* L'arôme des roses roses ouvre le chakra du cœur qui est le centre énergétique véhiculant la sensibilité psychique. Gardez une rose rose auprès de vous et respirez-en souvent le parfum. Ou procurez-vous une huile de très bonne qualité à base de rose et non de parfum de synthèse. Mettez cette huile sur votre cœur, tamponnez quelques gouttes près de vos narines pour sentir fréquemment son parfum.

- *Portez un collier de quartz rose.* Tout comme les roses roses ouvrent le chakra du cœur, le cristal de quartz rose fait de même. Cette pierre d'un beau rose est assortie au chakra du cœur. En plus d'éveiller notre sensibilité psychique, les cristaux de quartz rose peuvent nous aider à mettre un peu de romantisme dans notre vie.

- *Augmentez votre sensibilité par des exercices de toucher en aveugle.* Fermez les yeux et prenez un objet sur votre bureau. Touchez-le lentement et délibérément, en remarquant les moindres détails et la texture. Frottez-le sur le dos de votre main et votre bras et soyez conscients des sensations. Demandez à un ami de vous bander les yeux et de vous mettre dans la main des objets inconnus à palper ou des produits comestibles à goûter. Concentrez-vous sur vos sensations physiques et émotionnelles et essayez de deviner ce que c'est.

- *Réveillez votre corps avec des exercices cardio-vasculaires et une nourriture allégée.* Quand nous nous sentons fatigués, alourdis, ralentis, il est plus difficile de discerner nos sentiments. La course, la marche rapide, le yoga ou d'autres exercices cardio-vasculaires nous aident plus précisément à distinguer le sens et le contenu des messages derrière notre sensibilité psychique. De même, manger légèrement et sainement nous empêche de nous alourdir. Une sensation de lourdeur ou de saturation peut bloquer notre conscience du message divin. Tout ce qui peut améliorer le bien-être du corps : un massage, un petit somme ou un bain moussant, élèvera la sensibilité aux intuitions.

Se protéger

Ceux qui ont une sensibilité psychique se plaignent souvent d'être *trop* réceptifs. « *Je prends toute l'énergie négative qui se dégage des problèmes des autres* » et « *Je me sens envahi parce que je peux percevoir toutes les émotions des autres* » sont deux des plaintes les plus fréquentes parmi ceux qui sont plus orientés vers la sensibilité.

Curieusement, les personnes sensibles occupent souvent des fonctions qui accroissent leurs chances d'avoir des contacts physiques avec les autres. Le massage, le rééquilibrage énergétique, la médecine et le conseil sont les activités les plus répandues parmi ceux qui appréhendent le monde avec leur sensibilité. Ils sont excellents dans de tels domaines mais doivent veiller à ne pas absorber les résidus des émotions négatives de leurs clients.

Il y a deux manières de remédier à cela : des mesures préventives et une action de purification. Il faut vous protéger vous-même des énergies négatives des autres. Et vous purifier des énergies négatives que vous *avez* absorbées, y compris celles qui émanent de vos propres craintes.

La protection

Les mesures préventives sont un peu comme le contrôle des naissances : pas efficace à 100 %, mais elles procurent une protection importante. Il y a une douzaine de moyens de vous protéger et voici quelques-uns de mes favoris.

1. La musique : en transcrivant (*channelling*) la première partie de ce livre, j'ai été enchantée de recevoir les informations du chapitre sur la musique. Vous vous souvenez que les anges disaient que la musique agit comme un bouclier psychique en nous entourant d'une énergie protectrice. Eh bien, dans des situations de stress, c'est une bonne solution de se laisser baigner par la musique.

La musique n'est pas seulement une mesure préventive, elle aide aussi à purifier. L'archange Sandolphon est l'ange de la musique et il travaille avec l'archange Michel pour évacuer les effets de la peur grâce à la musique. Appelez Sandolphon pour vous aider à choisir la musique appropriée à votre situation. Quand vous méditez, ayez de la musique autour de vous et demandez à Sandolphon de veiller à ce que cette musique vous protège et vous purifie.

2. La lumière rose : les anges m'ont appris cette méthode un jour que j'étais en cours de gymnastique. J'ai salué une femme que je ne connaissais pas et que je croisais près des appareils de musculation. Elle a commencé à me raconter en détail toutes les opérations qu'elle avait subies. Je comprenais qu'elle avait besoin de s'exprimer mais en même temps je savais aussi qu'elle dégageait une énergie toxique avec son interminable discours sur ses malheurs et ses maladies.

Intérieurement j'ai appelé mes anges à l'aide. « Enveloppez-vous dans un tube de lumière rose », fut leur conseil. Je me représentais mon corps entouré par un grand cylindre de lumière un peu comme si j'étais dans un tube de rouge à lèvres de la tête aux pieds.

Les anges m'ont rappelé une chose : « *Vous n'aimez pas vous protéger avec de la lumière blanche parce que cela vous donne une sensation d'isolement. Comme votre mission sur terre implique que vous interagissiez avec les autres et que vous ne vous isoliez pas (comme vous l'avez déjà fait dans le passé), vous devez rejeter la protection de la lumière blanche.* »

Leurs paroles étaient justes. Bien que je connaisse toutes les méthodes de protection, je les utilisais rarement pour être en contact direct avec les gens que je conseillais. J'ai une fois travaillé avec un psychiatre qui recevait les gens derrière un gigantesque bureau en chêne. J'ai toujours senti qu'il utilisait ce bureau comme un tampon pour se protéger des émotions de ses clients. C'était aussi un symbole de pouvoir. Je ne voulais pas utiliser la lumière blanche lors de mes consultations parce que je sentais que cela m'isolait de mes clients.

« *Mais remarquez combien cette lumière rose est très différente. Voyez comme elle irradie l'énergie divine vers cette femme. Remarquez aussi que cette lumière irradie vers vous une énergie forte et divine. Et rien ne peut traverser cette protection de lumière rose qui émane de l'amour divin. Ainsi, de cette manière, vous êtes tout à fait à l'écoute de cette femme sans être contaminée par ses illusions de souffrance.* »

Depuis ce jour, j'ai pratiqué et enseigné cette technique avec de bons résultats et des commentaires positifs de la part de ceux à qui je l'ai enseignée. Merci les anges !

La purification

Parfois nous nous sentons fatigués, irrités ou dépressifs sans raison. Souvent, la responsabilité en incombe à nos contacts avec des personnes négatives. Si vous travaillez dans un milieu de professionnels de l'aide, vous vous exposez énormément aux émotions nuisibles et il est essentiel pour vous de purifier régulièrement ces énergies.

Voici trois de mes méthodes favorites pour le faire.

1. *Les plantes.* Probablement le plus simple pour vous débarrasser de ces débris psychiques est de faire appel à Mère Nature. Tout comme les plantes transforment le gaz carbonique en oxygène, elles peuvent aussi transformer les énergies médiocres. Les plantes sont particulièrement efficaces pour désencombrer nos corps de leurs toxines énergétiques.

Les anges insistent pour que nous gardions une plante près de notre lit. Une plante verte sur la table de chevet peut faire des merveilles pendant que vous dormez ! Elle absorbe l'énergie dense que vous avez ingérée durant la journée et la renvoie dans l'éther : ne vous inquiétez pas, la plante n'a pas de mal.

Si vous travaillez au contact du public, mais spécialement comme masseur ou conseiller (vous êtes réceptif aux relents de négativité de vos clients), ayez des plantes près de votre poste de travail. Vous serez mieux à la fin de la journée avec cette simple mesure ! Les anges vous recommandent les plantes aux larges feuilles qui ont de bons résultats parce que leurs feuilles absorbent de grandes quantités d'énergie. Ainsi choisissez un pothos ou un philodendron. Évitez les plantes aux feuilles piquantes ou pointues. Il est intéressant de voir que le feng shui, l'art traditionnel chinois pour l'aménagement de la maison, recommande aussi d'éviter les plantes aux feuilles pointues. Apparemment les feuilles pointues se comportent comme des épées et n'encouragent pas un bon flux énergétique.

2. *Coupez les cordes éthériques.* Toute personne qui travaille au contact du public doit connaître les cordes éthériques et comment les maîtriser. Pour dire les choses simplement, quand une personne forme avec vous des liens basés sur la peur (que vous l'abandonniez) ou sur la croyance que vous êtes sa seule source d'énergie et de bonheur, une corde se tisse entre vous deux. Cette corde apparaît à quiconque est clairvoyant et peut être touchée par quiconque est extrasensoriel.

Les cordes ressemblent à des tubes chirurgicaux et se comportent comme des tuyaux d'essence. Quand une personne avec des besoins s'attache à vous, elle ponctionne votre énergie au moyen de cette corde éthérique. Vous ne la voyez pas mais en sentez les effets : particulièrement la sensation de fatigue ou de tristesse sans raison. Eh bien, c'est parce que la personne à l'autre bout de la corde a pompé votre énergie, ou vous a envoyé de l'énergie négative à travers la corde.

Alors, chaque fois que vous aidez quelqu'un ou que vous vous sentez ralenti, triste ou fatigué, ce serait une bonne idée de « couper la corde ». Vous ne rejetez ni n'abandonnez pas la personne en coupant ces liens. Vous êtes juste en train de sectionner la partie non fonctionnelle, apeurée ou dépendante de la relation. La partie aimante reste attachée à la relation.

Pour couper vos liens, dites soit intérieurement soit à voix haute :

« *Archange Michel, je fais appel à vous maintenant.*
Veuillez couper les liens de peur qui assèchent mon énergie
et ma vitalité. Merci. »

Puis gardez le silence quelques instants. N'oubliez pas d'inspirer et d'expirer profondément durant l'opération afin que le souffle ouvre la voie aux anges pour vous aider. Vous sentirez probablement des cordes coupées ou tirées loin de vous. Vous pouvez aussi ressentir un changement dans la pression atmosphérique ou tout autre signe révélant que la coupure a eu lieu.

Les personnes se trouvant à l'autre bout de la corde penseront à vous à cet instant sans savoir pourquoi. Vous pouvez même avoir quantité d'appels sur votre répondeur ou des messages électroniques de personnes auxquelles vous étiez « attachées ». Ne cultivez aucune culpabilité à leur sujet. Souvenez-nous : *vous* n'êtes pas leur source d'énergie ou de bonheur – c'est Dieu. La corde se reformera chaque fois qu'une personne se liera à vous par peur. Aussi, n'hésitez pas à couper ce lien aussi souvent que nécessaire.

3. *Faire le vide.* Chaque fois que nous nous inquiétons au sujet de quelqu'un, que nous souffrons pour les malheurs d'autrui ou que nous essayons de soulager quelqu'un qui a une souffrance émotionnelle, nous pouvons récupérer son énergie psychique négative et ce à cause d'une mauvaise forme d'aide. Cela arrive à tout le monde, spécialement aux artisans de la lumière (*lightworkers*) qui sont très concernés par l'aide à apporter aux autres – souvent à leurs propres dépens. Les anges nous offrent certains moyens pour nous aider à rester équilibré dans notre travail ; ils veulent que nous aidions les autres mais sans en souffrir. Il faut savoir rester réceptif à l'aide des autres, notamment nous-mêmes les anges. De nombreux artisans de lumière sont merveilleux dans l'aide qu'ils offrent mais moins bons pour la recevoir. Il faut donc apprendre cette ouverture.

Pour faire le vide en vous avec l'aide des anges, dites intérieurement : « *Archange Michel, je fais appel à vous maintenant pour nettoyer et évacuer tous les effets de la peur.* » Vous verrez en vous-même ou sentirez la présence d'un ange de grande taille. C'est l'archange Michel. Il est accompagné par des anges plus petits, connus en tant que la « milice de Miséricorde ».

Remarquez que l'archange Michel tient une sorte de tube aspirant. Observez qu'il pose le tube sur le haut de votre tête (ce point qui est le « chakra de la couronne »). C'est à vous de décider la vitesse de l'aspiration : très rapide, rapide ou moins rapide. Vous le guiderez aussi pour placer ce tube durant le processus de nettoyage. Dirigez mentalement ce tube dans votre tête, dans votre corps et autour de vos organes. Faites le vide partout de l'extrémité de vos doigts jusqu'à vos orteils.

Vous pouvez voir ou sentir des agglomérats de saletés psychiques passer par le tube d'aspiration exactement comme si vous nettoyiez un tapis sale. Tout élément qui passe à travers ce tube est traité à l'autre bout par la milice de Miséricorde qui raccompagne toutes les entités dans la lumière. Continuez à nettoyer tant qu'il y a de la saleté dans le tube.

Dès que tout est clair et propre, l'archange Michel retourne le tuyau et une sorte de lumière blanche comme de la pâte dentifrice sort du tube. C'est une sorte de « joint » qui remplit les interstices précédemment occupés par les résidus psychiques.

La technique du vide est une des plus efficaces que j'aie jamais essayées. Vous pouvez l'utiliser sur d'autres en direct ou à distance. Gardez seulement à l'esprit l'intention de travailler avec eux en utilisant ces méthodes et ce sera fait. Même si vous ne voyez ou ne sentez rien au cours du processus ou même si vous vous demandez si vous avez eu raison d'agir ainsi, les résultats seront visibles. Beaucoup de gens constatent un mieux dans la dépression et la disparition de toute colère après cet exercice d'évacuation.

Être en phase avec nos sentiments

Avec de la pratique, vous serez plus en phase avec vos sentiments et aurez confiance en leur sagesse. Si vous ajoutez à votre répertoire le support de la pensée et des idées, vous aurez deux moyens supplémentaires pour recevoir et suivre les conseils divins. Dans le chapitre suivant, nous examinerons le pouvoir de la clairvoyance, c'est-à-dire les pensées venant du ciel.

Comment reconnaître et recevoir des idées divines et des pensées profondes

Quand vous avez des bribes de connaissance dont vous êtes sûr, sans savoir *d'où* elles viennent, cela est appelé préscience ou « *connaissance extrasensorielle* ». Il vous est peut-être déjà arrivé de discuter avec quelqu'un d'un sujet qui vous est vaguement familier et au fond de vous surgit la certitude d'un ou deux faits que vous énoncez sans savoir d'où ils viennent. Votre interlocuteur vous dit : « Mais *comment* le savez-vous ? » et vous ne pouvez répondre rien d'autre que : « Je le sais, c'est tout. »

On vous a probablement souvent surnommé « Je sais-Tout » et il y a là un fond de vérité. Vous savez beaucoup de choses, mais vous êtes totalement incapable d'en indiquer la provenance.

Beaucoup de grands inventeurs, scientifiques, auteurs, visionnaires et chefs ont utilisé ce don de préscience pour puiser dans l'inconscient collectif et accéder à des idées et inspirations nouvelles. Thomas Edison par exemple disait : « Tout le progrès, toute la réussite viennent de la pensée. » On a dit qu'Edison et d'autres grands inventeurs avaient l'habitude de méditer jusqu'au moment où ils recevaient un afflux d'inspirations et d'idées.

La différence entre quelqu'un qui ne fait que recevoir de telles informations et quelqu'un qui en tire le bénéfice, c'est la capacité d'accepter ce qui arrive comme quelque chose d'utile et de particulier. Beaucoup de personnes douées de préscience sous-estiment cette source d'informations, considérant qu'elles sont de notoriété publique. Ils se disent que *tout le monde sait cela.* Puis deux ans plus tard, ils s'aperçoivent que l'idée brillante qu'ils ont conçue a été découverte et exploitée par d'autres. C'est pourquoi le défi pour ceux qui reçoivent des conseils divins tels que des pensées, idées, révélations, c'est de les accepter comme des informations réelles et exclusives *qui pourraient être des réponses à leurs requêtes.*

Imaginons que vous ayez demandé des conseils divins pour vous aider à quitter votre emploi et vous mettre à votre compte. Puis, vous allez recevoir une idée de commerce qui pourrait aider les autres et cette idée revient incessamment (deux caractéristiques des conseils d'origine divine). Allez-vous brader cette idée en pensant : *« Bien sûr, tout le monde rêve de se mettre à son compte, c'est vraiment se bâtir des châteaux en Espagne » ?* J'ai constaté que les personnes douées de préscience ont grand intérêt à quitter l'ordinateur et le bureau pour aller dehors et prendre un grand bol d'air frais dans la nature. Beaucoup de gens plutôt cérébraux ont des vies centrées sur le travail, ce qui nécessite de créer un équilibre en faisant de la musculation, des jeux, des réunions de famille, de la spiritualité et des rencontres sociales. Un minimum de temps consacré à ces activités peut aider une personne de ce type à suivre plus aisément les idées qui proviennent de l'Esprit divin.

Jugement versus discernement

Ceux qui privilégient la pensée pour communiquer avec les anges peuvent avoir un QI plus élevé que la moyenne. Après tout, ce sont des lecteurs assidus s'intéressant à de multiples sujets. La clef pour aller puiser dans cette ouverture intellectuelle est la capacité de différencier le discernement du jugement. Il y a entre ces deux attitudes mentales des différences majeures qui peuvent être déterminantes dans le progrès spirituel.

Prenons le tabagisme comme exemple. Vous connaissez probablement beaucoup d'études qui lient la cigarette à des maladies et à des risques pour la santé. Le discernement dirait : « Je ne suis pas intéressé à fumer ou à rencontrer des fumeurs. Je me fiche de l'odeur et de ses effets. » Le jugement dirait : « Fumer est mal. Les fumeurs sont de mauvaises personnes. » Vous voyez la différence ? Le discernement fonctionne en vertu d'affinités qui vous demandent de privilégier vos préférences personnelles sans définition ni condamanation.

Dans le même ordre d'idées, quand vous ne savez si une de vos idées vient de Dieu ou pas, faites attention à vos mécanismes internes de discernement. Le vieil adage « Dans le doute, abstiens-toi » est tout à fait valable. Votre programme personnel sait quand quelque chose vient de vous ou du dehors. Vous n'avez pas besoin de rejeter en bloc l'idée mais il serait bon de repenser ou réviser certains de ses composants.

Vous pourriez avoir besoin de chercher des experts dans des domaines hors de vos compétences. Si c'est le cas, demandez à Dieu et aux anges de vous mener vers ces personnes et vous serez définitivement surpris de voir à quelle vitesse elles se dirigent vers vous.

J'ai fait moi-même cette expérience quand j'ai senti que je devais écrire un livre sur le régime végétarien. Je savais qu'il me fallait un collaborateur qui soit diététicien confirmé avec un intérêt pour les choses spirituelles – et familier des régimes végétariens.

Avec une pleine et entière confiance, j'ai demandé cette personne à Dieu. Trois semaines plus tard, à l'un de mes ateliers, une diététicienne confirmée, Becky Prelitz, se présenta à moi. Elle voulait me parler car elle était très impliquée dans le mode de vie et l'enseignement de la spiritualité. Je me suis dit alors : « *C'est la femme que je cherche.* » Plus j'ai parlé à Becky, plus j'ai été convaincue qu'elle était l'expert demandé dans mes prières. Maintenant Becky et son mari Christophe sont de grands amis de mon mari Steven et moi-même et notre livre *Eating in the Light : Making the Switch to Vegetarianism Along the Spiritual Path* a été publié par Hay House en 2001.

Les moyens simples de reconnaître la préscience

Voici quelques-unes des situations où vous avez pu recevoir un message divin à travers votre processus mental.

- Vous rencontrez quelqu'un de nouveau et immédiatement connaissez des détails sur lui ou elle sans en avoir rien appris.

- Vous avez des connaissances sur des sujets reliés à l'actualité sans avoir rien lu ou entendu dessus.

- Vous avez une prémonition sur l'évolution d'un événement (un voyage d'affaires ou un séjour touristique ou une relation…) et vous aviez raison.

- Vous avez l'idée d'une affaire, d'un livre, d'une invention et elle vous taraude. Vous réalisez l'idée et constatez qu'elle marche bien. Ou bien vous l'ignorez et découvrez que quelqu'un d'autre a mis la même idée sur le marché et a fait fortune.

- Vous perdez votre chéquier, vos clefs ou votre cartable et quand vous demandez aux anges où ils se trouvent, vous recevez une indication qui vous y mène directement.

La préscience authentique et divine se répète de manière positive. Elle s'exprime en termes d'amélioration de votre vie et de celle des vôtres. C'est une idée axée sur le service à rendre et, si elle peut vous enrichir et vous faire connaître, ce bénéfice est marginal et *non pas* la motivation qui sous-tend le concept. En fait, c'est habituellement le genre d'idées altruistes qui ne rapportent aucun bénéfice à leurs inventeurs. Ceux qui mènent des affaires pour leur bénéfice exclusif font souvent fuir les clients potentiels qui perçoivent les intentions cachées. Mon éditeur et mentor Louise L. Hay m'a dit une fois que ses finances se sont améliorées quand elle a commencé à se centrer sur l'idée de servir plutôt que d'obtenir. Quand j'ai appliqué ce principe à ma vie, j'ai constaté les effets remarquables sur ma joie ainsi que sur ma carrière et mes revenus.

Vous pourriez dire que la préscience authentique vous aide à concevoir "l'idée du siècle" ou faire quelque chose qui aide vraiment les autres d'une façon telle qu'elle incitera les gens à vous rechercher comme client, sponsor, associé, éditeur, etc. Cette force vient du Créateur. Il connaît vos véritables talents, passions, intérêts et Il sait comment ils peuvent être utilisés pour servir le prochain. Au temps de la Bible, l'argent portait le nom de « talent » et *vous* avez certainement des talents que vous pouvez échanger pour de l'argent.

L'authentique préscience ne se contente pas d'agiter un rêve sous votre nez puis de vous mettre au défi de le réaliser. Non, elle vous apporte des conseils méthodiques et structurés par étapes. L'astuce cependant consiste à se souvenir que Dieu vous enseigne une étape à la fois. Vous recevez des informations sous la forme de pensées obsessionnelles (ou de sentiments, visions, paroles, en fonction de votre mode de communication) qui vous disent de *faire quelque chose.* Ce quelque chose est habituellement insignifiant : appeler une personne, écrire une lettre, assister à une réunion, lire un livre… Si vous suivez les instructions et allez au bout de la première étape, alors vous accédez aux instructions suivantes pour la deuxième étape. Pas à pas, Dieu vous guide pendant tout le trajet qui mène à la réalisation du projet prévu.

Vous êtes toujours libre et pouvez ignorer le conseil à tout moment. Cependant, beaucoup de gens constatent que s'ils ne complètent pas une étape, ils se retrouvent coincés comme s'ils essayaient de faire sortir leur véhicule d'une ornière boueuse. À ceux qui me disent qu'ils sont bloqués, je demande : « Quelle partie du conseil divin avez-vous délibérément ignoré ? » Je constate toujours que ce conseil, qu'ils ont évité de suivre par peur d'un changement dans leur vie, est l'élément-clé qu'ils cherchaient.

Les anges vous donnent des idées en réponse à vos prières. Vous recevez des conseils divins au moment où votre esprit est réceptif, comme pendant un rêve, une méditation, un exercice ou même quand vous regardez la télévision ou un film (notre esprit est alors en vitesse de croisière). Vous vous sentez excité et plein d'énergie avec ces idées divines et c'est important de ne pas les contrecarrer avec des pensées négatives. L'idée résonne juste et vous savez – c'est profondément inscrit dans votre âme – que c'est vrai ! Bien sûr, n'importe quelle idée peut échouer. *Mais elle peut aussi réussir !* Et le fait d'essayer est ce qui donne un sens à votre vie à la fin de la journée.

Si jamais vous avez vécu des expériences négatives en suivant de telles impulsions auparavant, vous pouvez – et c'est compréhensible – vous sentir un peu échaudés. Vous pouvez avoir décidé de « la jouer sécuritaire » et d'éviter les bouleversements dans votre vie. C'est tout à fait admissible tant que vous êtes heureux ainsi ! Mais s'il y a un aspect de votre vie qui est déséquilibré, il est naturel pour vous (comme pour Dieu et les anges) de chercher à arranger la situation. Cela s'appelle « rétablir l'homéostasie » qui est le besoin instinctif de tous les êtres vivants de retrouver l'équilibre.

Scepticisme, pragmatisme et foi

L'individu doué de préscience se met à douter quand il s'agit de la foi. Si vous êtes plutôt cérébral, il est naturel de vous considérer comme un bloc de scepticisme. La foi vous semble illogique et elle repose sur des présupposés non tangibles. Cependant, un bon scientifique fait toujours des expériences avant de tirer une conclusion. Que votre hypothèse penche pour la croyance aux anges ou pas, prenez le temps de la tester. Par exemple, Dieu et les anges entendent nos pensées (rassurez-vous, cela se passe en dehors de tout jugement). C'est pourquoi vous pouvez les appeler sans que vos collègues de bureau ouvrent de grands yeux. Demandez mentalement à vos anges de vous aider dans n'importe quel domaine personnel ou professionnel. Puis notez ce qui vous arrive après votre demande. La réponse peut être instantanée comme une pulsion ou une idée très forte ou bien d'une manière plus tangible avec une personne qui arrivera « à pic » pour vous tendre un article de journal concernant votre demande. Les deux points clefs de cette expérience sont : 1- *demander* de l'aide (la loi du libre arbitre empêche le ciel de nous aider sans notre permission) et 2- *remarquer* l'aide reçue.

Être conscient de cette forme d'aide n'a rien à voir avec la traque forcée de solutions où les conseils envoyés sont toujours le fruit de la lutte et de l'ennui. La véritable instruction divine arrive toujours sur les ailes de l'amour.

Je constate que, parmi les personnes douées de prescience, beaucoup ont eu des expériences avec leurs chers disparus : ils savaient que leur aïeul ou leurs proches étaient avec eux. Sans réellement voir ou sentir la présence d'une personne décédée, ils ont une *connaissance instinctive* de cette présence.

Cette conscience leur crée un choc qu'il s'agisse de leur profession, de leur famille ou de leur santé : sans savoir d'où elles viennent, ils reçoivent des informations à la fois pertinentes et utiles. Plus vous savez faire confiance et suivre les instructions, plus vous bénéficierez de votre système interne d'aide.

Par exemple, vous pouvez avoir l'idée d'ouvrir un nouveau commerce : cette idée est infaillible et vous vous demandez pourquoi vous n'y avez pas songé avant. Vous allez de l'avant et toutes les portes s'ouvrent devant vous : les banquiers, les bailleurs, les partenaires, etc. L'affaire marche bien et alors vous savez que vous étiez guidé par une authentique sagesse divine.

Le programme de tutorat spirituel

Beaucoup d'élus au ciel aimeraient vous aider et tous ne sont pas vos anges gardiens. La plupart sont des êtres ordinaires qui éprouvent un vif désir d'enseigner et d'aider ceux qui sont vivants. Beaucoup sont extrêmement doués et accomplis : ils forment ce que l'on appelle la "brigade" de tutorat spirituel.

Sur terre, un tuteur est une personne au top de sa spécialité qui vous montre les ficelles du métier et vous donne des conseils et des instructions. Le programme de tutorat spirituel est équivalent dans la mesure où on vous assigne un expert qui passe son temps à vous guider dans le processus relatif à votre vocation ou sacerdoce.

Vous pouvez travailler avec n'importe quel décédé, célèbre ou inconnu, mais grand dans le monde spirituel. La plupart sont très heureux de transmettre leur savoir. Aider les autres donne un sens à leur vie de même que vous êtes enthousiaste dans une activité basée sur le service à rendre. Et ils ne demandent rien en contrepartie de leur aide – vous pouvez les rencontrer chez vous, en pyjama !

Quand j'ai senti que je devais contacter un tuteur, j'ai choisi un auteur que j'admire beaucoup (il m'a interdit de donner son nom car il est conscient que cela ne ferait qu'augmenter son ego). Alors que je lui demandais intérieurement de m'aider à écrire mon livre *The Lightworker's Way*, il vint immédiatement. Bien que devinant seulement sa présence, je le sentais, je savais très fortement qu'il était là.

J'étais tellement surprise et même estomaquée qu'il soit venu me rendre visite que je ne savais plus quoi dire. Je bégayais : « Vous... vous... êtes ici ! »

Alors il me répondit : « À l'évidence, vous n'êtes pas prête. S'il vous plaît, appelez-moi quand vous serez prête à travailler avec moi. »

À ce moment-là, je commençais à donner des lectures psychiques à des célébrités que je respectais énormément. Je remarquais que mon admiration envers leurs travaux me rendait timide en leur présence. J'agissais différemment avec ces soi-disant célébrités qu'avec les gens « ordinaires ». Cela me perturbait car je savais que c'était une manifestation de mon ego. Cela voulait dire que je plaçais ces célébrités « au-dessus » de moi ou, en d'autres mots, à l'écart de moi. Alors j'ai demandé à Jésus et aux archanges de venir dans mes rêves pour clarifier ces poussées d'ego. Comme d'habitude, cette requête a fonctionné immédiatement. Un matin, je sentis en moi un changement. Je ne peux vous dire *comment* il s'est fait ; je peux juste vous dire que *c'est arrivé*. À partir de ce moment-là, je ne me suis plus sentie intimidée par les gens que j'admirais.

Depuis ce jour, j'ai demandé des tuteurs supplémentaires. Une fois, je faisais de la course à pied et ressentis une violente douleur au côté (ce qu'on appelle « le point de côté »). J'ai immédiatement demandé de l'aide et fus agréablement surprise quand un homme du monde spirituel vint m'aider. Je reconnus Jim Fixx, l'auteur disparu de *The Complete Book of Running*. Il m'enjoignit de garder la tête levée pendant la course au lieu de la laisser dodeliner comme je faisais habituellement. Ce qui me permit d'augmenter la longueur et la souplesse de chaque foulée. Une fois que j'eus arrêté de balancer ma tête, mon point de côté disparut et depuis je n'en ai plus eu. Jim m'aide aussi sur le plan de l'endurance et de la vitesse pendant la course.

J'ai expliqué à de nombreuses conférences le principe du programme de tutorat spirituel et la majorité des participants ont adopté avec succès un tuteur au ciel. Quelques-uns sont de grands inventeurs, écrivains, guérisseurs ou musiciens décédés. Par exemple, un étudiant en médecine correspond avec Albert Einstein et en reçoit des conseils. Un parolier d'Atlanta correspond avec John Denver au moyen de l'écriture automatique et un architecte du Middle West s'entretient avec Michel-Ange dont il reçoit de l'inspiration.

Pour participer au programme de tutorat spirituel, pensez simplement à un être avec lequel vous aimeriez entamer une correspondance. Si vous n'avez personne en tête, demandez à Dieu et à ses anges de vous attribuer un expert dans votre domaine (ce que j'avais fait pendant ma course).

Et puis même si vous ne pouvez voir, entendre ou sentir la présence de votre nouveau tuteur, posez quand même une question. Tapez-la sur une machine à écrire ou sur un ordinateur, dites-la mentalement ou à haute voix. Le tuteur entendra votre question.

Notez la réponse sous la forme qu'elle prendra : pensée, mots, sentiments ou visions. C'est une bonne idée d'écrire les questions et les réponses comme dans une interview. Une explication complète du processus de l'écriture automatique se trouve au dernier chapitre.

Que les messages de votre tuteur soient à prendre au sens littéral ou au figuré, vous constaterez que le fait d'écrire vos questions et les réponses, quelle qu'en soit la forme, vous ouvre l'esprit à de nouvelles idées et à des intuitions créatrices.

Comment augmenter votre prescience

De fait, la prescience peut se présenter sous la forme subtile d'une pensée et il est facile de passer à côté de la façon que le Ciel a de communiquer avec nous. Vous pourriez négliger votre pensée ou l'idée d'origine divine sans la reconnaître comme une réponse à vos prières. Vous pourriez la confondre avec une idée saugrenue ou une rêvasserie au lieu d'y voir l'inspiration divine.

Les individus doués de préscience ignorent les instructions divines parce qu'ils pensent que ce qu'ils savent est évident pour tous : « Tout le monde sait cela », diront-ils et ils n'exploiteront pas cette brillante idée qu'ils viennent de recevoir. De plus beaucoup, ont été ridiculisés comme « Je sais-tout » et ils hésitent à s'exprimer de peur qu'on se moque encore d'eux. De fait leur réputation de tout savoir a un fond de vérité car ils puisent leurs connaissances dans l'inconscient collectif.

Il est donc important que vous fassiez attention à vos idées et pensées, y compris les pensées répétitives et les idées nouvelles. Les instructions divines se présentent à la fois comme des pensées obsessionnelles et comme une inspiration semblable à l'ampoule qui s'éclaire. Une des meilleures façons de soutenir son attention est de tenir un journal dans lequel vous notez les conversations avec vous-même sur vos idées et pensées. Le journal peut avoir la forme de questions-réponses avec votre moi supérieur. Ainsi vous pourrez aisément faire passer des informations inconscientes au niveau de la conscience.

Quand vous avez une pensée, n'essayez pas d'en deviner le sens immédiatement. Laissez-la s'exprimer. Posez la question : « Que voulez-vous me dire ? » Cela peut être une intuition du genre : « Cette personne que l'on m'a présentée ne me paraît pas fréquentable » ou bien une idée inspirée qui vous aide à *comprendre* la vérité d'un principe spirituel ou bien encore une sacrée bonne idée pour une affaire à ne pas manquer.

En tenant un journal, vous êtes à même de juger de la pertinence de vos pensées/idées. Vous prenez l'habitude de rester conscient de l'origine divine authentique de vos pensées. Vous avez probablement vécu cette expérience de laisser de côté vos pensées et plus tard de dire : « Je *savais* que cela allait arriver » ou bien « Je *savais* que je n'aurais jamais dû y aller ». Nos échecs et nos succès nous apprennent ainsi à faire confiance à nos intuitions et à les suivre.

Je constate aussi que beaucoup de gens plutôt cérébraux (comparés à ceux qui sont plutôt sensibles, visuels ou auditifs) tendent à être des bourreaux de travail. Souvent ils se réfugient dans leur bureau, cloués à leur chaise en face de leur ordinateur. Le travail est une bonne chose s'il est compensé par du temps passé à l'extérieur. Je presse les préscients d'aller un peu plus dans la nature.

Une fois dehors, ils peuvent constater que l'air frais, les plantes et les arbres les aident à affiner leurs capacités extrasensorielles. Ils deviennent même plus réceptifs et plus éveillés vis-à-vis de leur inspiration divine. Le calme de l'extérieur permet de mieux écouter ses pensées et de prendre note de ses bonnes idées. Quand nous faisons une pause à l'extérieur, nous prenons congé du monde des horloges et des téléphones. Nous sommes plus en phase avec notre rythme biologique, celui de la nature. En plus d'autres bénéfices, passer du temps dehors régulièrement nous aide à développer une bonne « gestion » du temps, ce qui veut dire que nous remarquons et suivons les rythmes de la vie. De retour au bureau, nous avons développé et affiné nos instincts tout en respectant nos contraintes vis-à-vis des coups de téléphone, des envois de courriel et des interventions en réunion. Ce temps passé à l'extérieur peut aussi nous inciter à couper complètement avec le bureau pour bâtir une carrière qui soit plus en accord avec ce que le cœur souhaite le plus.

Vraie et fausse préscience

Des gens sont réticents à suivre leur intuition, car ils l'ont déjà fait et se sont finalement retrouvés « grillés ». Peut-être un jour avez-vous eu une idée extraordinaire et quand vous l'avez mise en application, tout a viré au désastre. Vous renâclez donc à faire de nouveau confiance à vos idées.

Il y a deux cas de figure ici.

1. *Votre idée de base était d'inspiration divine, mais votre peur l'a fait dévier de sa route.* Lorsque vous avez reçu l'idée, elle s'appuyait sur des conseils divins. Mais quelque part vous avez eu peur. Cette peur a bloqué votre réceptivité à suivre des conseils/idées créatrices, cette peur vous a sorti de la voie inspirée et a déclenché des

comportements/décisions venant directement de l'ego. Chaque fois que nous nous associons à l'ego, les erreurs et le malheur suivent inévitablement. Voici un exemple. Une femme nommée Bérénice a eu la merveilleuse idée de démarrer un cours de gymnastique à son domicile. L'idée semblait excellente : c'était un service à rendre aux autres dans un domaine de son choix. De plus elle pouvait rester chez elle, avec un bambin, tout en gagnant de l'argent. Donc Bérénice quitta son emploi de salariée et ouvrit son affaire chez elle. Le premier mois, cinq clients ont signé un contrat ce qui permit à Bérénice de gagner assez d'argent pour payer ses factures et de dégager un bénéfice. Cependant Bérénice s'inquiétait de ce qui allait se passer après. *D'où viendront les nouveaux clients ?* se demandait-elle. Elle rumina cette question plusieurs jours et se décida à mettre des annonces dans les journaux. Elle acheta aussi des brochures en couleurs, des fournitures supplémentaires et des cartes de visite. Ce fut une grosse dépense mais Bérénice se disait qu'il fallait « dépenser pour gagner ». Le mois d'après Bérénice n'eut qu'un client en tout et pour tout. Elle s'inquiéta encore plus sur son affaire et dépensa encore plus pour de la publicité. Mais rien ne semblait marcher et après quatre mois, Bérénice décida de retourner à son ancien emploi pour être sûre de percevoir un revenu fixe. « Qu'est-il arrivé ? » s'est-elle demandé. En revenant sur les événements, nous constatons que Bérénice avait vraiment reçu une inspiration divine pour démarrer son affaire. Ses premiers succès l'ont encouragée à poursuivre. C'est seulement quand Bérénice a laissé la peur s'infiltrer dans la situation que la source s'est tarie. C'est aussi quand elle a commencé à forcer les événements, à travers des publicités mal orientées et des frais inutiles. Ses dépenses ont augmenté et son revenu a diminué parce qu'elle a commencé à tenir compte des craintes de son ego au lieu de privilégier l'assurance et les conseils de son moi supérieur.

2. Au lieu de reconnaître votre inspiration divine, vous contraignez les événements à arriver, ou vous écoutez les opinions des autres en igno-

rant votre for intérieur. Parfois nous n'entendons que ce que nous voulons entendre et nous décidons que c'est la bonne personne, même si notre intuition (et nos amis) nous préviennent qu'il(elle) n'est pas fait(e) pour nous. Ou bien nous décidons que Dieu veut que nous quittions notre travail et déménagions à La Haye (Pays-Bas) quand notre sentiment intime nous incite à évoluer progressivement dans notre profession. Dans certains cas, nous renions notre intuition et faisons quelque chose de contraire à notre meilleur jugement, parce qu'une forte personnalité nous a embarqués dans autre chose.

Vraie ou fausse instruction en préscience

Alors, comment peut-on être certain que c'est une idée d'origine divine ou bien une invitation à aller chasser les oies sauvages ? Le chapitre intitulé « *Comment savoir si ce sont vraiment vos anges ou juste votre imagination* » recense les critères de distinction entre le vrai conseil et le conseil fallacieux. Dans le cadre des pensées, idées et révélations, les caractéristiques à noter sont :

— *Stabilité.* Le conseil authentique se répète et l'idée s'attachera à vous un certain temps. Bien que les détails puissent varier ainsi que l'application, le cœur de l'idée ne bouge pas. Le conseil fallacieux change constamment de forme et de contenu.

— *Motivation.* Le conseil authentique est motivé par un désir d'améliorer la situation. La principale motivation du conseil fallacieux est de vous rendre riche et célèbre. Bien que le conseil authentique puisse produire de telles récompenses, ce ne sont que des bénéfices indirects et non la raison principale de l'idée.

— *Ton.* Le conseil authentique est stimulant, motivant et encourageant. Il vous presse d'agir en affirmant : « Vous pouvez le faire ». Le conseil fallacieux est tout le contraire : il réduit en miettes votre confiance en vous.

— *Provenance.* Le conseil authentique apparaît rapidement tel un éclair, en réponse à votre prière/méditation. Le conseil fallacieux arrive lentement en réponse à l'inquiétude. Quand vous avez une idée, revenez sur vos pas et examinez le cheminement de votre pensée. Si vous aviez des soucis, votre ego a pu créer un « kit de premier secours ». Si vous méditiez calmement, votre moi supérieur a l'espace pour se connecter correctement à l'inconscient collectif du Divin et vous a probablement rapporté le germe d'une idée.

— *Familiarité.* Une idée d'origine divine se situe habituellement dans vos tendances naturelles, vos talents, passions et intérêts. Le conseil fallacieux contient des avis du style « laissé pour compte », impliquant des activités sans aucun intérêt pour vous.

En notant toutes ces caractéristiques, vous pouvez augmenter votre confiance dans les idées à suivre. Vous savez que vous êtes sur la bonne voie et vous utilisez vos intentions les plus haut placées pour créer le succès. Un niveau sain de confiance en soi est habituellement le corollaire d'idées claires, bien cadrées et qui mènent à une concrétisation rapide.

Si vous continuez à pratiquer votre préscience avec votre habileté à entendre la voix du divin, comme nous le verrons dans le prochain chapitre, alors votre laboratoire d'idées sera maintenu à un niveau encore plus élevé.

Comment entendre vos anges

Il est assez ironique de penser qu'en tant qu'ancienne psychothérapeute ayant travaillé en milieu psychiatrique, j'en vienne maintenant à enseigner aux autres comment entendre des voix ! Pourtant entendre la voix de Dieu et des anges est la chose la plus sensée. Leur voix peut nous montrer l'amour en face de ce qui ressemble au chaos et nous procurer des solutions logiques face aux défis émergents. Entendre la voix de l'esprit est appelé *seconde ouie* ou écoute *extrasensorielle.* Dans ce chapitre nous verrons ce qu'est la *seconde ouie* et comment accroître son intensité et sa précision.

Les façons habituelles d'entendre la voix du Ciel

Il y a de grandes chances pour qu'au cours de votre vie, vous ayez déjà entendu vos anges et d'autres êtres spirituels vous parler. Est-ce que les situations ci-dessous vous rappellent quelque chose ?

- Au réveil, vous entendez une voix désincarnée vous appeler par votre nom.
- Vous entendez un air de musique quasi céleste venant de nulle part.

- Vous entendez continuellement une chanson soit à la radio soit dans votre tête.

- Vous entendez une sonnerie ou un bruit aigu dans une oreille.

- Vous surprenez une conversation où un étranger dit exactement ce que vous avez besoin d'entendre.

- Il vous « arrive » d'allumer la télé ou la radio et de tomber exactement sur un programme vous concernant.

- Vous entendez la voix d'un cher disparu dans votre esprit, dans un rêve ou à l'extérieur de vous-même.

- Vous entendez la voix désincarnée d'un ami qui est vivant et il se trouve qu'à ce moment il a besoin de votre aide.

- Vous entendez le téléphone, la sonnette de la porte et personne n'est là mais vous pouvez sentir qu'un cher disparu essaie d'attirer votre attention.

- Une voix désincarnée vous adresse un avertissement ou un avis pour progresser.

- Vous cherchez un objet perdu et une voix vous indique où le retrouver.

Les réponses viennent en retour à vos questions

Dieu et les anges s'adressent à nous pour répondre à nos questions. C'est pourquoi nous pouvons initier une conversation simplement en leur posant une question.

Une fois, je voulais savoir pourquoi certains groupes chrétiens mettaient en avant l'idée qu'il était bénéfique de « craindre Dieu ». Je ne pouvais tout simplement pas comprendre pourquoi on voudrait craindre notre Dieu d'amour ni pourquoi on *souhaiterait* en avoir peur. C'est pourquoi je demandais à mes anges de m'éclairer à ce propos. À peine eus-je posé la question que je cherchais des stations de radio sur mon auto-radio. Je suis tombée sur une émission portant sur le christianisme au moment même où le présentateur commençait à expliquer pourquoi les chrétiens « devaient » craindre Dieu. Je n'étais pas d'accord avec cette interprétation mais très reconnaissante d'avoir eu la réponse à ma question… si vite après l'avoir posée.

Avez-vous des questions à poser, dans n'importe quel domaine, et pour lesquelles vous souhaiteriez un conseil ? Prenez un moment maintenant et posez votre question mentalement à Dieu et aux anges. Pensez vraiment à diriger cette question vers le ciel et croyez qu'elle recevra une réponse. Même si vous n'entendez rien immédiatement, soyez assuré que vous avez été entendu.

Vous devriez recevoir une réponse audible dans un jour ou deux. Parfois ce sera sous la forme d'une chanson. Vous allez remarquer un air qui revient comme une ritournelle à la radio et dans votre tête. La réponse à votre question pourrait se trouver dans les paroles de la chanson. Ou bien la chanson vous rappelle quelqu'un et ce pourrait être l'indice que cette personne (vivante ou décédée) pense à vous. Habituellement, quand nous entendons notre nom le matin, c'est que nos anges et guides spirituels veulent simplement nous dire bonjour. C'est plus facile pour eux de nous saluer au moment de notre réveil parce que notre esprit lucide est plus ouvert à la communication spirituelle. De plus, nous retenons le message plus facilement dans un demi-sommeil que dans un sommeil profond. S'ils veulent ajouter quelque chose à leur salut, ils nous le feront savoir en même temps. Aussi, ne vous inquiétez pas d'être appelé par votre nom et si quelqu'un cherche à vous contacter. C'est seulement un salut amical pour vous faire savoir que l'on veille sur vous.

Si après avoir posé votre question, vous ne recevez rien en retour, cela pourrait signifier que vous n'y avez pas fait attention ou peut-être que vous ne voulez pas entendre le message du ciel parce que vous n'avez pas apprécié les conseils qui vous ont été donnés auparavant et que maintenant vous ne voulez plus les écouter. Continuez à poser votre question jusqu'à ce que vous entendiez la réponse. Demandez à vos anges de vous aider à entendre et cela pourra éventuellement arriver.

Tienna, une de mes élèves en conseil spirituel, dans mon cours de développement psychique depuis trois jours, était très frustrée : elle n'avait pas encore entendu ses anges. Tienna déplorait le fait que durant les lectures des anges, elle n'entendait que des *staccato*, des messages de 1 ou 2 mots. Par exemple, elle donna une lecture à une camarade et entendit les mots *oncle* et *accident de voiture* à son oreille. Eh bien, il s'avéra que la camarade de Tienna avait perdu son oncle dans un accident de voiture.

« Mais je voudrais en entendre plus, se plaignait Tienna, je veux une conversation complète avec Dieu et les anges. » J'ai alors demandé aux anges de Tienna de l'aider et je les ai entendus lui dire : « Reste dans la classe, Tienna. Si tu persistes et que tu es patiente, tu nous entendras bientôt. » J'ai transmis cela à Tienna.

Le cinquième jour, Tienna se précipita vers moi : « Je les entends, je les entends » s'exclama-t-elle. Tienna avait connu un progrès notable en *seconde ouie*, exactement comme ses anges le lui avaient prédit : avec une intention ferme et continue d'entendre et avec la patience jusqu'« au moment où » cela arriverait. Depuis ce jour, Tienna a des discussions audibles pleines d'inspiration avec ses anges qui la conseillent sur sa vie personnelle et ses activités professionnelles.

La sonnerie dans les oreilles

De nombreux artisans de lumière (*lightworkers*) disent entendre un son très aigu dans une oreille. Ce son strident peut être douloureux et agressif. Dans ce cas, les médecins diagnostiquent un tinnitus (trouble du nerf auditif) : c'est parce que cette sonnerie n'est pas d'origine mécanique. En fait, cette sonnerie regroupe des informations codées en impulsions électriques. Le ciel télécharge des conseils, des aides et des informations sur cette bande passante. C'est comme un modem qui se connecte à Internet.

Parfois cette sonnerie s'accompagne d'un pinçon ou d'un tiraillement du lobe de l'oreille, c'est le signal utilisé par les anges et Dieu pour attirer votre attention. Il n'est pas nécessaire que vous compreniez le message encodé dans le signal sonore. Il vous suffit de vous engager à écouter. L'information sera stockée dans votre inconscient où elle influencera positivement vos actes pour s'assurer que vous ne retardez pas l'exécution de votre mission en tant qu'artisan de lumière (*lightworker*). Ne vous inquiétez pas en pensant que ce son peut émaner d'une source médiocre ou maléfique. La sonnerie montre que la fréquence énergétique de l'information encodée provient d'un lieu élevé de l'amour divin. Les forces inférieures ne sont pas capables d'émettre à une telle fréquence.

Ce son est réellement une réponse à vos prières sous forme de conseils pour votre projet de vie. S'il devient trop persistant, douloureux ou agressif, demandez intérieurement à vos anges de ne plus vous blesser et de baisser le volume. L'information sera quand même transmise mais d'une manière plus agréable. De même, si le pinçon ou le tiraillement vous gêne, demandez à vos anges et guides spirituels d'arrêter cela.

Comment identifier celui qui parle ?

Si vous vous interrogez à propos de l'identité d'une voix qui s'adresse à vous, demandez-lui simplement de décliner son identité. Si vous ne vous fiez pas à la réponse donnée, demandez à l'être spirituel de prouver son identité. Ainsi que vous le verrez, il dira ou fera quelque chose qui vous remplira d'émotion ou bien il se comportera d'une manière évidente. Voici quelques conseils pour vous guider.

- La voix de Dieu est une voix mâle, très forte, bien placée, amicale, officielle, pourvue d'un sens de l'humour et utilisant une langue moderne.

- Les archanges ont une voix mâle, très forte, bien placée, sérieuse et directe. Ils parlent abondamment d'amour divin et indiquent comment ne pas perdre de vue notre mission, et comment surmonter nos doutes, nos peurs et tous les aléas de notre mission.

- Les anges ont une voix aux accents classiques, avec parfois des formes de discours très archaïques et très solennelles.

- Nos chers disparus ont la voix qu'ils avaient de leur vivant, bien qu'elle ait l'air plus forte et plus jeune. Leur vocabulaire et leurs intonations demeurent les mêmes.

- Notre moi supérieur à la même voix que nous.

- L'ego a un ton de voix harcelant, décourageant, paranoïaque, dépressif et toutes ses phrases commence par *Je*, à cause de son égocentrisme.

Comment accroître votre seconde ouie

Nous sommes tous des extrasensoriels et chaque personne a un canal (*channel*) privilégié pour communiquer avec le ciel. Certains sont plus sensibles aux sons et la première chose qu'ils remarquent chez une nouvelle connaissance, c'est sa voix. D'autres sont visuels et la première chose qui les frappe, c'est l'apparence, y compris les mouvements, les attitudes. Ceux qui sont plus tournés vers la sensibilité notent l'effet que leur font les nouvelles relations, que cela les touche ou pas, et même la sensation née du toucher des vêtements. Enfin les cérébraux seront attentifs à vérifier si la personne est intéressante, intelligente et peut les aider dans leur carrière.

Si vous êtes naturellement auditif, vous entendez déjà la voix de Dieu et de vos anges. Toutefois, si ce n'est pas votre canal favori, il se peut que vous deviez faire un effort pour entendre la voix du ciel. Vous avez pu lire des comptes rendus de gens qui ont entendu des messages d'avertissement de leurs anges et vous vous demandez *pourquoi les anges ne vous parlent-ils pas.* Voici quelques moyens pour vous aider à entendre la voix du divin de manière forte et précise.

— *Purifier le chakra de l'oreille.* Chacun de nos sens extrasensoriels est régi par un chakra, ou centre d'énergie. Comme nous l'avons déjà vu, la sensibilité psychique (sentiment) est gouvernée par le chakra du cœur ; la pré-cognition (pensée) est reliée au chakra de la couronne ; la seconde ouie (écoute) est régie par les chakras des deux oreilles et le prochain chapitre vous parlera du troisième œil en relation avec la clairvoyance (vue). Les chakras de l'oreille sont situés au-dessus des sourcils. Ils sont visualisés en violet. Imaginez deux disques violets tournant dans le sens des aiguilles d'une montre au-dessus de vos sourcils. Visualisez ou ressentez l'envoi de rayons de lumière blanche, purifiante. Visualisez ou ressentez cette lumière blanche irradiant les chakras de l'oreille. Remarquez comment ils sont devenus. Répétez cela chaque jour chaque fois que votre écoute spirituelle est bloquée.

— *Se libérer des résidus psychiques.* Si vous avez été harcelé verbalement ou si votre ego vous a accablé de discours négatifs, les chakras de l'oreille sont probablement obstrués par des toxines issues de tous ces messages négatifs. Demandez mentalement à vos anges de vous entourer de réconfort énergétique. Vous pouvez faire partir cette négativité confinée dans les chakras de votre oreille en écrivant les noms de vos harceleurs (y compris le vôtre) et en plaçant le papier dans une bouteille en plastique. Mettez cette bouteille dans le bac à glace de votre réfrigérateur pendant au moins trois mois. Vous ressentirez immédiatement un soulagement. Il s'agit là d'une méthode merveilleuse pour se libérer de *toutes sortes* de problèmes.

— *Rouvrir les fréquences inutilisées.* Quand vous étiez enfant, n'avez-vous jamais « coupé le son » de la voix de vos parents, d'un professeur ou de toute autre personne – y compris vous-même ? Cette “coupure” peut avoir été votre unique mécanisme de défense contre le harcèlement ou les plaisanteries, mais il se peut que vous ayez ainsi coupé toutes les autres voix qui étaient sur la même bande passante que celles que vous avez coupées. Aussi vous éprouvez quelques difficultés à entendre une voix céleste qui a le même ton que celle de votre mère. Il se peut même que vous n'entendiez plus votre âme supérieure si vous avez coupé votre propre voix il y a longtemps. Heureusement, vous pouvez tout simplement « changer de station » pour rouvrir votre écoute physique et spirituelle à une large bande passante. Vous avez eu la ferme intention de fermer et ceci est à l'origine de votre blocage, maintenant vous avez la ferme intention de rouvrir, ce qui vous permettra d'entendre toutes les fréquences possibles.

— *Accroître votre sensibilité aux sons.* Prenez le temps chaque jour de faire attention aux bruits qui vous entourent : les oiseaux qui chantent, les enfants qui rient, les voitures qui passent, etc. Prêtez attention aussi aux bruits du quotidien : tourner les pages d'un livre, écrire une note ou respirer. En portant votre attention aux bruits subtils et non subtils de votre environnement, vous élevez votre sensibilité jusqu'à la voix des anges et des guides spirituels.

— *Protégez vos oreilles.* En même temps que s'accroît votre sensibilité aux fréquences sonores des anges, vous constaterez que les bruits « trop forts » vous dérangent plus qu'auparavant. Vous aurez besoin de boucher vos oreilles lors des atterrissages d'avion ou d'éviter les sièges près de la scène lors de concerts de rock. Vous aurez aussi besoin de demander à vos amis de parler plus doucement au téléphone ; au restaurant vous réserverez une table dans un endroit calme ; à l'hôtel vous choisirez une chambre éloignée des ascenseurs.

— *Demandez aux anges.* Certains d'entre vous ont des anges calmes et des guides spirituels introvertis. Alors, faites comme avec les vivants, n'hésitez pas à demander à votre interlocuteur de parler un peu plus fort. Nos amis du ciel veulent vraiment communiquer avec nous et ils ont besoin de notre *feedback* sincère pour les guider dans le choix d'une voix qui se fasse entendre. Ma mère, Joan Hannan, avait des difficultés à entendre ses anges et guides spirituels et elle leur a demandé de parler plus fort. Malgré cela, elle ne pouvait pas les entendre ; alors elle a dit d'une voix tonnante : « S'il vous plaît, parlez encore plus fort ! » Alors elle a entendu la voix de sa grand-mère lui dire assez fort : « Je suis ici ! » Mon arrière-grand-mère semblait dire : « Inutile de hurler, je suis à côté de toi. Je peux très bien t'entendre. »

Vous avez toujours le contrôle dans le processus de communication divine et si vous souhaitez que le ciel augmente le volume ou l'intensité de vos messages auditifs, il suffit de le demander. Dans le prochain chapitre, nous explorerons le monde de la clairvoyance et verrons tous les moyens pour vous aider à voir les anges et les messages du ciel.

Comment voir vos Anges

Les anges souhaitent entrer en contact avec vous visuellement autant sinon plus que vous ne le souhaitez vous-même. Ils sont en train de nous aider à communiquer avec eux en rendant plus claire leur présence.

Comment voyons-nous les anges ?

Beaucoup de mes étudiants en développement psychique s'imaginent à tort que la clairvoyance permet de voir les anges comme des silhouettes précises, denses, en trois dimensions comme les humains. Ils s'attendent à ce que leurs visions viennent de l'extérieur d'eux-mêmes au lieu d'être une image mentale dans leur vision spirituelle.

Toutefois, il existe de nombreux exemples de clairvoyance qui sont semblables aux images mentales qui se forment lors de rêveries diurnes ou nocturnes. Le fait que l'image soit vue à travers l'esprit ne la rend pas moins réelle ou moins crédible. Quand j'explique cela à mes étudiants, ils disent alors : « Oh bien, après tout, j'en vois des anges ! ».

Avec un certain entraînement, de nombreuses personnes peuvent développer leur aptitude à réellement voir les anges. En d'autres termes, vous regarderez une personne et verrez clairement un ange sur ses épaules. Mais les débutants en clairvoyance doivent habituellement fermer les yeux quand ils « scrutent » une personne pour voir les images de ses anges gardiens.

Certains voient des lumières, ou des couleurs dans les premiers temps de leur clairvoyance. D'autres voient des formes vacillantes de tête ou d'ailes d'ange. Certains voient les anges comme translucides et incolores ou opalescents avec des couleurs qui émanent de leur personne. D'autres encore voient les anges comme des êtres complètement formés avec une chevelure et des vêtements de couleur brillante.

Pendant les moments de stress ou à la suite de prières ferventes, des gens verront des anges aux couleurs vives, comme une sorte d'apparition. Les yeux grands ouverts et l'esprit très alerte, on peut discerner un ange. Celui-ci peut avoir l'apparence d'un être humain ou ressembler aux anges traditionnels avec une dalmatique et des ailes. L'ange est manifestement présent. La personne peut même le toucher ou l'entendre et se rendre compte que ce n'est pas un être humain seulement lorsqu'il disparaît.

Photographier les cercles

Une des nouvelles manières adoptées par les anges pour se manifester à nous est d'apparaître sur les photos sous la forme de « cercles de lumière ». Si vous souhaitez voir des êtres angéliques, vous pouvez maintenant les filmer ! Leur image apparaît sous la forme de globes de lumière blanche après le développement des photos. Le meilleur moyen de photographier ces cercles est de prendre une photo d'un nouveau-né ou d'une personne tournée vers la spiritualité ou encore les participants à un atelier sur un thème métaphysique, en particulier quand il s'agit d'anges. L'effet sera encore plus réussi si vous avez en tête l'intention de voir les anges : demandez mentalement aux anges d'apparaître sur la pellicule au moment où vous déclenchez l'appareil.

D'autres façons de voir les anges

— *Les rêves.* Le docteur Ian Stevenson, de l'université de Virginie, a recensé des milliers de cas de « visitations en rêve » dans lesquels les gens se sont entretenus avec leurs chers disparus ou des anges durant leurs rêves. Le docteur Stevenson dit que le degré de netteté est la caractéristique qui sépare les simples rêves des visitations authentiques[i]. Celles-ci comprennent des couleurs nettes, des émotions intenses et un sentiment que tout est réel par opposition au rêve. Quand vous vous réveillez après une visitation en rêve, l'expérience demeure plus longtemps dans la mémoire qu'un simple rêve. Vous pouvez après des années, vous souvenir de détails explicites.

— *Des lumières angéliques.* Voir des étincelles et des éclairs de lumière est un signe que les anges sont proches. Vous voyez l'énergie scintiller quand les anges se déplacent dans votre champ de vision. C'est seulement un frottement indiquant que votre vision spirituelle est ajustée aux vibrations énergétiques. Environ la moitié de mes lecteurs à travers le monde rapportent qu'ils voient régulièrement ces étincelles et ces éclairs. Beaucoup de gens sont réticents à admettre cela publiquement par peur d'être traités d'« hallucinés ». Ce n'est pas le cas : voir des lumières angéliques est une expérience réelle et normale.

— *Des brouillards colorés.* Un brouillard vert, pourpre ou d'une autre couleur est un signe de la présence des anges.

— *Des nuages en forme d'anges.* Regardez le ciel pour chercher un nuage en forme d'ange : c'est un moyen qu'ils utilisent pour nous faire savoir qu'ils sont là.

— *Des signes visibles.* Si vous trouvez une plume, une pièce, une horloge arrêtée, des objets déplacés et des lumières clignotantes ou d'autres bizarreries visuelles, sachez que c'est la façon des anges de vous dire « Bonjour, je suis ici ! ». Les chers disparus nous font connaître leur présence en envoyant des oiseaux, des papillons ou des fleurs particulières.

— *Avoir une vision.* Regarder mentalement un film qui nous donne des vraies informations sur une personne ou une situation ou des conseils sur notre projet de vie est un signe de la présence des anges. C'est ainsi que passe une brève image symbolique. Par exemple, quand je rencontre du personnel hospitalier, je « vois » inévitablement un bonnet d'infirmière sur la tête des personnes. Les anges nous envoient souvent de telles informations surtout quand nous nous sommes engagés à rendre le monde meilleur.

Les 7 étapes de l'ouverture du troisième œil

Le centre énergétique situé entre nos deux yeux, connu sous le nom de chakra du troisième œil, règle la quantité et l'intensité de notre clairvoyance. Ouvrir le troisième œil est un élément essentiel pour traverser le voile.

Voici les 7 étapes de l'ouverture du chakra du troisième œil.

1. D'abord affermir en vous cette proposition : « Il est bon pour moi de voir ». Répétez cela et si jamais vous sentez une tension ou une crainte, respirez profondément. En expirant, imaginez que vous chassez vos peurs de devenir clairvoyant (la suite du chapitre donnera plus d'informations sur l'élimination de la peur).

2. Prenez un cristal de quartz et tenez-le dans votre main dominante (celle avec laquelle vous écrivez). Imaginez un rayon de lumière blanche partant d'en haut et traversant votre cristal. Ayez à l'esprit que la lumière est en train de nettoyer le cristal de toutes les impuretés qu'il a pu absorber.

3. Tenez toujours le cristal et posez-le entre les deux sourcils. Mettez votre majeur sur le cristal de telle façon qu'il pointe en direction de votre troisième œil (il se situe entre vos deux yeux, légèrement au-dessus des sourcils).

4. Posez le majeur de votre autre main à l'arrière de votre tête, à l'endroit le plus élevé mais pas au sommet.

5. Imaginez un éclair de lumière puissant et brillant qui part du majeur de votre main dominante, qui va traverser votre troisième œil pour aboutir au majeur de votre autre main ; vous avez créé un circuit électrique avec votre main dominante qui émet l'énergie et l'autre main qui la reçoit. Comme l'énergie traverse votre tête, elle nettoie tous les résidus psychiques et éveille votre troisième œil. Ce processus prend de une à deux minutes. Vous pouvez ressentir une pression dans la tête, de la chaleur dans vos doigts et des fourmillements dans les mains : ce sont des réactions normales au travail énergétique.

6. Maintenant, posez votre main droite au-dessus de votre oreille droite, ayez toujours le cristal dans votre main dominante (donc la droite si vous êtes droitier). Faites la même chose avec la main gauche. Imaginez une lumière blanche émanant du majeur de votre main dominante. Déplacez délicatement vos mains en même temps vers *l'arrière* de votre tête. Refaites cela sept fois dans un mouvement de balayage. Gardez à l'esprit la nécessité d'« accrocher » le fond de votre troisième œil semblable au globe oculaire à l'arrière de la tête. Le lobe occipital est la zone du cerveau qui nous permet de distinguer ce que nous voyons. Il est comme une fine peau sur la calotte crânienne attachée à l'arrière de la tête.

   Avec cette lumière blanche, vous créez un espace d'environ 12,5 cm qui s'étend entre l'arrière de votre troisième œil et votre lobe occipital. Cet espace va relier le flot d'images de votre troisième œil à la zone du cerveau dédiée à la vue. Ainsi vous serez plus ouvert aux visions que vous aurez et vous en comprendrez mieux le sens. J'ai moi-même travaillé avec beaucoup de gens qui avaient un troisième œil bien ouvert mais qui se plaignaient de n'avoir que peu ou pas de clairvoyance. *Attention : avoir un troisième œil ouvert n'est pas une garantie suffisante pour être clairvoyant !* Sans la liaison entre le troisième œil et le lobe occipital, on ne peut être en éveil ou comprendre le sens de ses visions. C'est comme si un film était projeté sans que le projecteur soit allumé.

7. L'étape finale consiste à poser le majeur de votre main dominante en haut du cristal, au-dessus du troisième œil (légèrement au-dessus de la zone entre vos deux yeux). Vous allez constater qu'un écran obture votre troisième œil. Avec délicatesse, en faisant de légers battements vers le haut, persuadez cet écran de se soulever, comme si vous ouvriez un store vénitien. N'oubliez pas de respirer tandis que vous effectuez cette étape. Retenir son souffle ne ferait que ralentir le processus. Répétez ce soulèvement d'écran au moins sept fois ou bien jusqu'à ce que vous sentiez que la voie est libre.

Vous pouvez effectuer ce processus sur quelqu'un d'autre. Et si vous connaissez une personne à l'esprit ouvert, attirée par la spiritualité, spécialement si c'est quelqu'un qui a vécu des guérisons énergétiques, vous pouvez aussi lui demander de faire sur vous cette opération. Les sept étapes qui peuvent être faites par vous-même sur vous-même sont renforcées si une autre personne aux intentions claires (c'est-à-dire un peu sceptique) l'administre.

Après que vous ou un autre avez effectué ces sept étapes, vous devez remarquer une nette amélioration de votre vision mentale. Ainsi en fermant les yeux pour imaginer un jardin, vous le verrez probablement plus net avec des couleurs plus vives que vous ne le voyiez auparavant. Vos rêves nocturnes peuvent même gagner en vigueur et votre mémoire visuelle s'accroître.

Encore une fois, les images que vous verrez ne ressemblent pas à celles de l'extérieur. Le cinéma mental se déroule sur un écran dans votre tête. Avec de l'entraînement, vous pourrez projeter et voir des images à l'extérieur. Toutefois, que ces visions soient internes ou externes n'a aucune importance en soi. Je constate que mon habileté psychique est identique que l'image soit intérieure ou extérieure. La localisation de la vision est secondaire. Ce qui compte c'est que vous remarquiez et notiez vos images, ce sont souvent des messages visuels de nos anges.

Éliminer la peur qui bloque la clairvoyance

Si après avoir procédé à ces sept étapes, vous constatez que vos images mentales n'ont pas la qualité que vous souhaitez, alors il se peut que vous ayez des peurs qui vous bloquent. Celles-ci sont normales et peuvent être soignées quand vous serez prêt à le faire.

Voici quelques exemples de ces peurs.

1. Perdre le contrôle

- *La peur* : Vous pouvez craindre que si vous ouvrez votre clairvoyance, vous *allez être* assailli par des visions d'anges, de disparus partout où vous irez. Vous pouvez aussi craindre que Dieu ne veuille mettre la main sur vous ou vous préparer des choses inacceptables.

- *La vérité :* La clairvoyance est comme un poste de télévision que vous pouvez allumer, éteindre ou mettre en veille à votre convenance. Et la volonté de Dieu est identique à celle de votre moi supérieur pour ce qui vous concerne. Le plan divin contient beaucoup de bonheur et de plénitude en réserve pour vous, et en outre vous constaterez que votre vie a de plus en plus de sens pour vous.

2. Voir des choses effrayantes

- *La peur* : Vous ne voulez pas avoir une maison hantée ou des incubes ou succubes traînant autour de chez vous.

- *La vérité* : Si vous avez pu voir le film *Le sixième sens* en gardant les yeux ouverts, vous avez vu le pire. Le monde spirituel est beau, d'une beauté telle qu'Hollywood ne l'a pas encore mise en boîte. Même les esprits de la terre et ceux qui ont des formes inquiétantes (ceux qu'on appelle les anges déchus) ne sont pas à moitié aussi mauvais que la moyenne de la production grand écran qui traite de la vie après la mort. Beaucoup de décédés paraissent radieux, jeunes et lumineux de bonheur. Ne seriez-vous pas comme ça si vous saviez que vous n'aurez jamais plus de facture à payer ?

3. Être aliéné

- *La peur* : « Qu'est-ce qui se passe si c'est mon imagination et que je suis en train de tout inventer ? » ou pire « Que se passe-t-il si je suis contacté par des esprits inférieurs qui se font passer pour mes anges gardiens ? »

- *La vérité* : La raison pour laquelle les études montrent que les enfants ont des expériences psychiques tout à fait vérifiables, c'est qu'ils ne se mettent pas martel en tête pour savoir si c'est vrai ou pas. Jeanne d'Arc, aux inquisiteurs qui lui demandaient si elle avait imaginé la voix de Dieu, répondit : « Comment voulez-vous que Dieu me parle si ce n'est à travers mon imagination ? » En d'autres termes, ce n'est pas parce que c'est notre imagination que ce n'est pas réel, valable ou approprié.

  Parfois on me demande : « N'avez-vous pas peur d'être possédée par un démon qui a pris la figure d'un ange ? » Cette question sous-entend que les démons vont dans des magasins de déguisements pour se vêtir de plumes blanches et, hop ! vous attrapent de leurs doigts crochus. Le fait est qu'*il y a* des forces du monde inférieur et des êtres que je n'inviterai pas à dîner chez moi, tout comme il y a des vivants que je n'aime pas fréquenter. Mais cela n'est pas une raison pour se fermer à la clairvoyance.

Je veux dire par là que si je vous demandais votre préférence : vous promener dans une allée sombre des mauvais quartiers de la ville à minuit ou bien en plein midi, bien sûr, vous allez me répondre « à midi », n'est-ce pas ? Et pour quelle raison ? Parce que vous pouvez *voir* qui est là, évidemment ! Eh bien, c'est la même chose pour le monde spirituel. Puisque ces êtres déplaisants sont là de toutes façons, ne vaudrait-il pas mieux voir vos partenaires ? Vous pouvez pour cela appeler l'archange Michel qui agira comme « videur » à la porte de votre maison pour s'assurer que nul n'entre sans carte d'identité valable – et qui identifiera les êtres intègres et porteurs de lumière.

La lumière intérieure est le meilleur signe de l'intégrité d'un être qu'il soit vivant ou du monde spirituel. Avec la sensibilité psychique, vous pouvez connaître le caractère d'une personne, avec la préscience, vous saurez si cette personne est intègre ou pas, avec la clairvoyance, vous pouvez voir littéralement la lumière rayonner de l'intérieur.

Les êtres déchus du monde spirituel (ainsi qu'on les appelle) ne peuvent contrefaire l'immense lumière rayonnante qui émane du corps et irradie l'intérieur et l'extérieur. Ces êtres pourraient endosser le costume de l'archange Michel, mais il leur manquerait l'élément essentiel : cette aura brillante qui est le résultat d'une vie passée dans l'adoration de Dieu. Dans ce contexte, la clairvoyance nous aide à examiner nos amis dans les mondes physique et spirituel et nous permet ainsi de nous tenir à l'écart du mal.

4. « Le péché » ou la punition pour ce qui est « mal »

- *La peur* : Craindre que la clairvoyance soit inspirée par le diable et que Dieu vous punisse pour avoir péché.

- *La vérité* : Cette peur se fonde sur l'Ancien Testament où l'on trouve des mises en garde contre les sorciers, les médiums et ceux qui dialoguent avec les morts. Cependant, dans le Nouveau Testament, nous voyons Jésus et beaucoup d'autres parler aux morts ainsi qu'aux anges. Saint Paul dans sa lettre aux Corinthiens insiste sur le fait que nous possédons tous des dons de prophétie et que tous nous devrions aspirer à ces dons spirituels… tant qu'ils sont utilisés avec amour.

  Et c'est bien là la différence, n'est-ce pas ? Le livre du professeur de *A Course in Miracles* dit que les capacités psychiques peuvent être mises au service de l'ego (dont il dit que c'est le seul démon en ce monde) ou de l'Esprit Saint. C'est-à-dire que nous pouvons pratiquer la clairvoyance au nom de l'amour ou de la peur. Si nous nous servons de cet outil pour le service de Dieu et de la guérison, alors il n'y a rien à craindre. Vous constaterez que les jugements d'autrui ne feront que glisser sur vous.

5. Être ridicule

- *La peur* : Être taxé de « fou », « bizarre », « je sais-tout » ou « trop sensible »… ou avoir à subir le blâme de proches fondamentalistes.

- *La vérité* : Vous êtes probablement un « artisan de lumière » (*lightworker*) ou un « enfant indigo », c'est-à-dire quelqu'un qui se sent mandaté pour rendre le monde meilleur dans une perspective spirituelle. Les « artisans de lumière » (*lightworkers*) et leurs jeunes confrères, les « enfants indigo », ont très souvent l'impression de ne pas être comme les autres et de ne pas faire partie du groupe. Quand les gens vous agacent à propos de vos dons et intérêts spirituels, cela ne fait que fortifier cette impression. Si on s'est moqué de vous dans l'enfance, il se peut que vous associiez ces moqueries à une blessure émotionnelle non refermée. Demandez à vos anges d'intervenir et suivez leurs conseils s'ils suggèrent d'aller voir un professionnel de l'aide.

6. Faire l'inventaire de votre vie

- *La peur* : Ne pas se sentir prêt à effectuer des changements, si vous constatez que quelque chose cloche dans votre vie – c'est-à-dire vouloir rester dans le déni des problèmes.

- *La vérité* : La clairvoyance peut augmenter votre prise de conscience de ce qui ne va pas dans votre vie. Il est vrai que faire un inventaire peut aussi augmenter votre insatisfaction, mais cela n'implique pas nécessairement de faire immédiatement un virage à 180° et de changer du tout au tout. L'insatisfaction est un puissant stimulant pour prendre des mesures qui améliorent les choses. Elle peut vous inciter à faire du jogging, manger plus sainement, consulter une agence matrimoniale ou mettre en œuvre d'autres façons de prendre soin de votre vie.

7. Prédire l'avenir

- *La peur* : Vous pouvez hésiter à prédire des changements planétaires ou sociaux qui vous terrifient.

- *La vérité* : Si vous « voyez » de tels événements, en étant absolument certain qu'ils ne proviennent pas de votre ego, alors vous aurez une idée plus claire de votre mission en tant qu'artisan de lumière (*lightworker*). Vous recevrez l'aide nécessaire pour aider la planète soit à éviter ces changements soit à y faire face. Par exemple, vous pouvez être appelé à prier pour la paix, à envoyer une énergie curative pour mettre de la lumière à divers endroits, à former d'autres artisans de lumière (*lightworkers*) ou à soigner ceux que le changement affecte. Alors qu'un tel mandat peut sembler décourageant ou intimidant, rappelez-vous que vous avez signé pour celui-ci avant votre incarnation... et Dieu et les anges ne vous auraient pas confié un mandat important sans savoir d'avance que vous pourrez le remplir. Ils vous fourniront tout le support nécessaire tout au long de votre parcours – aussi longtemps que vous le demanderez et serez réceptif pour l'obtenir.

8. Une trop grande responsabilité

- *La peur* : Prédire un événement négatif et se demander : « Dois-je intervenir ? »

- *La vérité* : Les anges de la terre sont consacrés à la prière pour de telles situations sauf si c'est une mission très spéciale et que vous *devez* intervenir ou avertir quelqu'un, et dans ce cas des instructions très claires vous seront fournies.

9. Suis-je habilité à agir ?

- *La peur* : Craindre d'être un imposteur, quelqu'un de non qualifié dans le domaine psychique pour accomplir des guérisons spirituelles ; se demander si on a vraiment vu des anges et, si c'est le cas, se demander si on sera capable de les contacter.

- *La vérité* : Tout le monde a le sentiment de temps en temps d'être un imposteur. Les psychologues appellent d'ailleurs cette peur « le syndrome de l'imposteur ». Les recherches montrent que les plus compétents, ceux qui ont le plus de succès, sont prédisposés à vivre une telle situation. Cela ne veut pas dire que vous *êtes* un imposteur mais simplement que vous comparez votre for intérieur (où il y a de l'anxiété face à de l'inconnu) à l'apparence des autres présentant calme, tranquillité, pleine possession de ses moyens).

L'ego ou le moi inférieur utilise de tels tours de passe-passe pour nous distraire et nous faire oublier qui nous sommes et ce que nous avons à faire.

Blocages dans une vie antérieure

Les blocages de notre clairvoyance ont parfois une origine qui remonte loin dans notre passé. Même ceux qui ne croient pas en la réincarnation admettent que des événements significatifs de l'histoire peuvent affecter encore le monde de nos jours. Un de ces événements, comme dit plus haut, est l'Inquisition espagnole : des milliers de personnes ont été brûlées, pendues, torturées, privées de droits parce qu'elles avaient des croyances ou des rites spirituels qui étaient considérés comme hérétiques par l'Église dominante. La souffrance vécue alors a encore des répercussions dans notre vie comme de lointains échos qui nous crient : « Conformez-vous à la norme ou acceptez-en les conséquences ». La peur qui en résulte pousse à garder secrètes vos capacités psychiques et vos croyances spirituelles.

Mais comment savoir si c'est la blessure d'une vie antérieure qui bloque votre clairvoyance ? Voici quelques indications à ce sujet.

- Vous déclarez ne pas pouvoir visualiser aisément les situations, ne pas vous rappeler vos rêves et ne pas remarquer les gens et les choses.

- Vous avez peu ou pas de visions psychiques.

- Vous vous sentez tendu ou crispé chaque fois que vous pensez libérer votre clairvoyance.

- Vous craignez votre clairvoyance, comme si vous alliez avoir des ennuis ou être puni par quelqu'un, ou même par Dieu.

- Quand vous pensez à ceux qui ont été brûlés sur le bûcher ou pendus, votre corps se révulse, tremble, est en sueur, votre respiration et votre tension se modifient.

En revanche, voici quelques symptômes indiquant que des expériences enfantines ont pu bloquer votre clairvoyance.

- Quand vous étiez enfant, vous avez vu des anges, des lumières scintillantes ou des personnes décédées.

- Quand vous avez grandi, vos visions psychiques ont diminué.

- Vous êtes une personne extrêmement sensible.

- Quand vous étiez enfant ou adolescent, on vous a qualifié de « fou », « diabolique », « bizarre ».

- Vous craignez les réactions de votre famille si vous dévoilez vos dons psychiques.

- Vous redoutez qu'en cas d'ouverture à la vie psychique, vous fassiez des changements dans votre vie qui pourraient décevoir ou blesser vos proches.

Une séance de régression sous hypnose faite avec un hypnothérapeute qualifié est le moyen le plus efficace pour supprimer ces blocages. Votre inconscient arrêtera de vous faire peur avec des souvenirs que vous ne pouvez pas contrôler.

Insister

C'est de loin le blocage le plus courant pour la clairvoyance : s'efforcer de voir. Comme je l'ai déjà indiqué, quand nous nous contraignons à faire quelque chose, nous restons bloqués. Parce que toutes les contraintes sont issues de la peur, laquelle découle de l'ego. L'ego est à 100 % non psychique.

Nous insistons trop quand nous avons peur, quand nous ne nous sentons pas capables d'accomplir quelque chose ; nous forçons pour réussir. Cependant la négativité implicite peut défaire des heures d'affirmation positive ou d'efforts de concrétisation. La peur se change en prières négatives qui, malheureusement, attirent les prophéties qui se réalisent d'elles-mêmes.

Soigner les blocages psychiques

Tout le monde a des blocages psychiques à un degré ou à un autre, aussi il ne s'agit pas de s'en débarrasser complètement, mais bien d'en être *conscients* et de les traiter rapidement quand ils se présentent. Parfois nous avons honte de nos blocages et ne voulons pas les admettre. Mais il n'y a rien de honteux dans les blocages si ce n'est qu'il faut s'en occuper.

Un « thérapeute guéri » (l'expression vient de l'ouvrage *A Course in Miracles*) n'est pas quelqu'un qui n'a aucun problème, c'est presque impossible en ce monde. C'est quelqu'un qui en est conscient et fait en sorte d'éviter que les problèmes n'interfèrent avec sa mission divine.

Néanmoins, nous pouvons guérir et laisser aller les problèmes qui nous bloquent sur le plan psychique. Voici quelques techniques de guérison qui peuvent avoir des effets remarquables et positifs sur d'autres domaines de la vie, en plus de la clairvoyance.

— *La guérison pendant le sommeil.* Quand nous dormons, notre esprit critique dort aussi. C'est pourquoi c'est un moment idéal pour s'engager dans la guérison spirituelle. Une fois l'esprit sceptique endormi, votre ego ne peut empêcher les anges de réaliser des guérisons spirituelles en vous.

Ainsi dès que vous serez prêt à ouvrir votre clairvoyance, demandez aux anges et à toute personne du monde spirituel avec laquelle vous travaillez de venir vous rencontrer dans vos rêves. Voici un exemple de cette requête :

« *Archange Raphaël, je vous demande d'entrer dans mes rêves cette nuit. Je vous prie d'envoyer une énergie curative à mon troisième œil et de me guérir de toute peur qui peut bloquer ma clairvoyance. Veuillez m'aider à voir clairement avec ma perception spirituelle.* »

— *Couper les liens avec des membres de sa famille.* Si vous vous rendez compte que vous avez peur des jugements maternels sur vos dons psychiques par exemple, vous pouvez utiliser la technique de la coupure des cordes décrite plus haut ; concentrez-vous spécialement sur les liens de peur vis-à-vis de votre mère. Répétez le processus pour toute personne (famille ou autre) qui pourrait avoir une influence négative sur votre clairvoyance. De plus, coupez les cordes avec tout individu qui dans le passé vous a ridiculisé ou réprimé à cause de vos dons.

— *Chercher un appui auprès de ses semblables.* Quand je me préparais à assumer mes dons pour faire partager au grand public ma clairvoyance, je me sentais naturellement inquiète de toutes les conséquences négatives possibles. J'ai eu la chance de connaître un psychiatre dans le même cas. Le docteur Jordan Weiss est un médecin généraliste et un psychiatre avec une clientèle privée à Newport Beach (Californie). Une blessure à la tête lors d'un accident récent lui avait ouvert son troisième œil et il constatait qu'il voyait à l'intérieur du corps de ses patients. Le docteur Weiss pouvait voir les réseaux de chakras et les émotions négatives emprisonnées dans ces chakras. Mais il avait peur d'admettre publiquement sa clairvoyance, risquant par là de perdre son autorisation d'exercer et sa réputation.

Nous nous sommes motivés et soutenus mutuellement en allant parler en public de notre clairvoyance. Nous gardions à l'esprit que si nous n'étions pas sincères avec nous-mêmes, il nous serait impossible d'aider nos clients de manière efficace. Aujourd'hui, le docteur Weiss achève un deuxième livre sur ses expériences psychiques en tant que psychiatre.

Je pense que *vous-même* apprécierez de recevoir les encouragements de quelqu'un qui est dans la même situation. Priez pour qu'une telle personne ou un groupe de soutien vient dans votre vie et vous serez guidés vers eux. Vous pouvez aussi participer à des réunions sur la spiritualité dans des librairies, des églises, des groupes de prières, des cours sur le développement psychique ou des forums sur Internet qui porteront sur le psychisme.

— *Des cérémonies rituelles.* Mon mari, Steven Farmer, auteur de *Sacred Ceremony* (Hay House, 2002) a dirigé des cérémonies de guérison lors de nombreux ateliers. J'ai été témoin de ce que de telles cérémonies aidaient des gens à libérer leurs blocages psychiques. Vous pouvez vous-même mettre sur pied un cérémonial pour l'ouverture de votre clairvoyance. Par exemple, écrivez une question à vos anges telle que : « Qu'est-ce qui bloque ma clairvoyance ? » Puis notez toutes les impressions que vous recevez. Après quoi, allumez un feu dans la cheminée ou à l'extérieur. Méditez un moment sur l'abandon des blocages notés sur le papier. Quand vous vous sentirez prêt, jetez le papier dans le feu. Vous devriez ressentir un grand soulagement après.

— *Une séance ou une cassette sur la régression sous hypnose.* Environ la moitié des blocages psychiques que j'ai pu constater ont leur origine dans les blessures de la vie antérieure liées aux dons extrasensoriels. Comme je l'ai déjà mentionné plus haut, il est souhaitable d'effectuer une analyse pour libérer les blocages. La plupart des hypnothérapeutes reconnus sont entrainés pour de telles séances. Mais vous devez en choisir un avec qui vous soyez à l'aise, car la confiance dans la régression est la clef de votre capacité à lâcher prise et à laisser remonter des souvenirs inconscients à la surface.

— *Des affirmations positives.* J'ai toujours été étonnée de voir des métaphysiciens brillants et renommés déplorer qu'ils n'étaient « pas vraiment visuels ». Quand je leur ai fait remarquer que cette phrase est une affirmation négative, ils prennent conscience que ces mots bloquent leur clairvoyance. Puis ils commencent à utiliser des affirmations positive pour décrire ce qu'ils veulent au lieu de ce qu'ils craignent. « Je suis très visuel » et « Je suis probablement clairvoyant » sont des exemples d'affirmation positives à utiliser pour vous, même si vous êtes sceptique. Croyez-moi, la réalité dépasse toujours vos affirmations !

— *Appeler les anges pour la clairvoyance.* Il y a des spécialistes de chaque question chez les anges et le développement psychique ne fait pas exception. Les anges de la clairvoyance gèrent et administrent nos chakras de troisième œil, nous aident à développer votre vision intérieure. Dites mentalement : « *Anges de la clairvoyance, je fais maintenant appel à vous. Veuillez entourer mon troisième œil avec l'énergie qui guérit et purifie. Je demande votre aide et votre concours pour ouvrir maintenant totalement la fenêtre de la clairvoyance. Merci.* » Vous sentirez probablement des picotements et un changement de pression dans votre tête – spécialement entre vos deux yeux – au moment où les anges de la clairvoyance font leur travail de guérison.

— *Mode de vie et clairvoyance.* Il y a une corrélation importante entre la façon dont nous traitons notre corps et la précision de notre clairvoyance. Nos visions sont toujours claires, détaillées et appropriées quand nous menons une vie équilibrée. Exercice, repos, sorties régulières, régime végétarien, supression des toxines de la nourriture et des boissons nous aident à nettoyer les canaux de notre communication divine.

Après avoir utilisé un ou plusieurs de ces moyens de guérison, votre clairvoyance devrait probablement être plus brillante et claire. Dans le chapitre suivant, nous mettrons tout cela ensemble et verrons comment vous pourrez recevoir les messages des anges en votre nom ou pour une autre personne.

[1]. Stevenson I. (1992), « A series of Possibly Paranormal Recurrent Dreams », *Journal of Scientific Exploration,* vol 6, n° 3, pp. 281-289.

Recevoir des messages de vos Anges

Le but de ma vie, ce n'est pas de donner des messages angéliques ou de pratiquer des guérisons spirituelles, mais bien d'apprendre *aux autres* comment donner des messages angéliques et comment se guérir eux-mêmes et leurs clients. J'encourage toujours mes étudiants en conseil spirituel à enseigner aux autres, à créer une vague qui va s'amplifiant et qui accroîtra la certitude que nous avons *tous* des anges, que *tous* nous pouvons communiquer avec eux, que *tous* nous sommes doués spirituellement, et que nous pouvons utiliser nos dons pour nous aider nous-mêmes et aider l'humanité.

Dans ce chapitre vous trouverez quelques-unes des étapes que j'enseigne à mes étudiants en développement psychique, afin que vous aussi puissiez recevoir et donner des messages angéliques.

Comment donner un message angélique

Un message angélique est comme un message médiumnique, sauf que vous posez les questions directement aux anges gardiens et aux guides spirituels, dans le but de guérir un aspect de la vie ou pour des conseils sur le but de la vie.

Il vaut mieux que cela concerne une personne que vous ne connaissez pas beaucoup, quelqu'un dont l'esprit est ouvert et qui ne porte pas de jugement. Une nouvelle connaissance dans un groupe d'études spirituelles ferait bien l'affaire. Bien sûr, vous pouvez efficacement transmettre un message angélique à un proche ou un ami, mais votre ego va se mettre à hurler à votre oreille : « Mais tu connais déjà tout de cette personne. » Si vous pouvez ignorer la véhémence de votre ego qui vous affirme : « Tu es tout simplement en train d'inventer tout ça ! », alors vous pouvez donner des messages à n'importe qui, connu ou pas.

Commençons par une transmission mutuelle de messages entre vous et une autre personne. Avant toute chose, faites une prière à votre correspondant spirituel :

« Je vous prie de m'aider à être un médium impeccable pour la communication divine. Je vous prie de m'aider à entendre, comprendre clairement et ressentir des messages pertinents et détaillés qui apporteront des bénédictions sur mon partenaire et moi-même. Je vous prie de veiller sur ce message et de m'aider à me relaxer et à en profiter. Merci. Amen. »

Puis, asseyez-vous en face de votre partenaire. Prenez un objet métallique tel qu'une montre, un anneau, un collier, une ceinture, une barrette, des lunettes, des clefs de voiture, et tendez-le à votre partenaire. Chacun de vous tiendra l'objet avec la main qui ne vous sert pas pour écrire : c'est la main qui reçoit l'énergie, la « main réceptive ».

Puis prenez chacun la main libre de l'autre et posez vos deux mains enlacées sur les genoux par exemple. Maintenant je vous emmène tous les deux en vacances, d'accord ? Veuillez fermer les yeux et respirer très profondément.

Imaginez que vous êtes dans une pyramide d'un violet délicat et qui vous transporte mentalement sur une plage de sable blanc dans les îles.

Cette pyramide atterrit délicatement sur le sable et s'ouvre, formant comme un tapis pour vous deux. C'est une journée magnifique et, comme cette plage est totalement isolée, accessible seulement par bateau ou avion, vous ne serez nullement dérangés.

Vous sentez une légère brise tiède effleurer votre peau et vos cheveux. Vous respirez l'air marin salé et entendez le bruit régulier des vagues s'étalant sur le rivage. Un rayon de soleil danse légèrement sur le sommet de votre tête comme s'il allait entrer et illuminer tout votre corps.

Au loin, vous remarquez un petit groupe de dauphins jouant dans l'océan. Vous entrez mentalement en contact avec eux et vous sentez qu'ils vous envoient une grande vague d'énergie de l'amour divin. Comme votre cœur se gonfle chaleureusement et se remplit de gratitude pour ces beaux dauphins et la journée parfaite sur la plage, vous vous rendez compte alors que vous ne faites qu'un avec les dauphins. Et cela va encore plus loin : vous ne faites qu'un avec toute la vie océane – y compris les tortues de mer, les beaux poissons exotiques et… vous ne faites qu'un avec les vagues, le sable et le soleil.

Vous vous rendez compte que vous ne faites qu'un avec toute vie, incluant votre partenaire. Et vous affirmez mentalement à celui-ci : « Toi et moi ne sommes qu'un… toi et moi ne sommes qu'un… Je suis toi… Et tu es moi… Je suis toi… Et tu es moi. » Vous réalisez que cette unité partagée est réelle. Bien que vous puissiez être différents extérieurement l'un de l'autre, vous pouvez intérieurement partager le même esprit, la même lumière, le même amour. Vous affirmez mentalement à votre partenaire : « Un amour… Un amour… Un amour… »

Comme vous vous délectez de cette connaissance, vous constatez aussi que vous ne faites qu'un avec tous les anges. Examinez votre partenaire en fermant vos yeux et en ouvrant grand votre vue extrasensorielle, imaginez que vous voyez les anges de votre partenaire. À quoi pourraient-ils ressembler ?

Voyez-vous des anges tels des chérubins ou bien des anges de taille moyenne ou de grande taille ? Vous pouvez les voir en détail avec les yeux de l'esprit ou par de rapides coups d'œil ou bien encore par votre sensation ou enfin par une prise de conscience de leur présence.

En continuant à scruter votre partenaire avec votre vue spirituelle, vous remarquerez des personnes autour de lui, ses chers disparus. Les êtres qui se tiennent directement derrière lui sont habituellement ses parents décédés. Voyez-vous un homme ou une femme ? Dans ce cas, notez bien chaque détail, s'il y a quelque chose d'inhabituel dans leurs vêtements, lunettes, coiffure, couleur des yeux ou ce qu'ils tiennent dans leurs mains.

Maintenant, observez la tête et les épaules de votre partenaire. Voyez-vous quelqu'un avec des cheveux colorés ou gris qui semble être décédé à un âge moyen ? ou plus jeune ? Soyez attentif à tous les détails de ceux qui vous apparaissent. Ne vous inquiétez pas de savoir si cela est réel ou pas.

Voyez-vous des animaux autour de votre partenaire ? Des chiens ou des chats ? Des animaux, grands ou petits ? Ont-ils une fourrure ? Sont-ils de couleur unie ou multicolore ? Leurs poils sont-ils longs ou courts ?

Continuez à observer votre partenaire et remarquez d'autres anges, des disparus ou des animaux. Si l'un d'eux attire votre attention, essayez de le contacter en exprimant cette intention.

Même si vous ne voyez personne ou n'êtes pas sûr de vous, vous pouvez encore recevoir des messages pertinents de guides ou d'anges de votre partenaire qui vous donnent pour vous et lui des bénédictions. En respirant profondément, exprimez l'intention d'avoir un entretien intérieur avec eux.

Maintenant demandez-leur : « Que voudriez-vous me dire sur mon partenaire ? » Répétez en prenant note des impressions qui vous parviennent en réponse. Soyez conscient des pensées, paroles, images mentales ou sentiments qui vous arrivent pendant que vous répétez la question. N'essayez pas de forcer les choses. Croyez seulement que les réponses vont arriver vers vous maintenant et prêtez attention à la plus petite pensée ou vision et au plus petit sentiment ou mot que vous percevez mentalement.

Puis demandez aux guides et anges de votre partenaire : « Quel message voudriez-vous que je lui transmette ? » Encore une fois, soyez vigilant sur le plus petit indice : pensée, sentiment, vision, parole. Ne jugez ni ne négligez aucune de ces impressions. Contemplez-les simplement avec détachement.

Puis demandez intérieurement aux guides et anges de votre partenaire : « Y a-t-il autre chose que vous aimeriez me dire ? » Soyez sûr de vous et respirez tandis que vous prendrez note de la réponse.

Enfin, interrogez à nouveau vos interlocuteurs : « N'y a-t-il rien d'autre à transmettre à mon partenaire ? » et écoutez attentivement leur réponse.

La partie la plus importante dans le message angélique, c'est d'avoir le courage de dire à votre partenaire tout ce que vous avez reçu, même si vous n'êtes pas entièrement sûr de vous ou si vous pensez que quelque chose pourrait l'offenser. (Vous pouvez toujours prier pour avoir un langage diplomatique et chaleureux en transmettant le contenu potentiellement agressif de certains messages.) Alors que les messages n'auront pour vous aucun sens, ils seront très significatifs pour votre partenaire. Passez quelques moments à échanger ce que vous avez vu, entendu, senti, pensé pendant votre mutuelle réception de messages angéliques.

Comment pratiquer l'écriture automatique d'une façon contrôlée et sécurisante

Les messages angéliques de ce livre et d'*Angel Therapy* ont été reçus au moyen de l'écriture automatique. C'est une méthode qui permet de recevoir des messages détaillés de l'au-delà. Parfois les gens ont peur de l'écriture automatique à cause d'histoires sur des esprits élémentaires qui se présentent en prétendant être des anges ou des guides spirituels. Il y a des moyens de vous protéger de telles intrusions comme vous le verrez plus loin.

Vous pouvez faire une séance d'écriture automatique auprès de n'importe qui dans le monde spirituel. C'est un moyen merveilleux pour maintenir et approfondir les relations avec les chers disparus et pour finir une affaire pendante ou guérir d'un chagrin. Si vous souffrez de la perte des vôtres, vous pouvez communiquer avec eux par ce biais.

Vous pouvez communiquer ainsi avec n'importe lequel de vos chers disparus, même s'ils sont morts avant votre naissance ou s'ils sont décédés dans leur enfance. Vous pouvez contacter des gens parlant d'autres langues que la vôtre ou qui sont handicapés ou muets. Vous pouvez même entrer en relation avec vos animaux de compagnie. Tout cela parce que nos esprits communiquent en non-verbal et « traduisent » les messages dans notre langue maternelle. Vous constaterez sans doute que votre écriture automatique inclut des mots absents de votre vocabulaire habituel. Vous pouvez même trouver des modifications de votre écriture courante et découvrir que vous savez orthographier correctement des mots inconnus.

L'écriture automatique peut également vous aider dans vos changements spirituels. Par exemple, vous pouvez converser avec Dieu, vos anges, les maîtres ascensionnés et les archanges. Vous pouvez demander à vos anges gardiens « quel est votre nom ? » et bien d'autres choses. Et vous pouvez aussi demander aux archanges et aux maîtres ascensionnés de vous aider à vous rappeler le but de votre vie et à y travailler.

Vous pouvez aussi utiliser l'écriture automatique pour entrer en contact avec un tuteur spirituel (voir l'explication complète du programme de tutorat spirituel dans le chapitre « Comment reconnaître et recevoir des idées divines et des pensées profondes »).

Vous pouvez écrire à la main les messages automatiques, ou les taper à la machine ou les saisir avec un traitement de texte. Si vous le faites à la main, vous aurez besoin d'au moins quatre feuilles de papier de format standard, et de quoi écrire. C'est une bonne idée que de mettre une musique appropriée en fond sonore et de vous asseoir confortablement.

Commencez votre séance par une prière. Vous trouverez ci-dessous la mienne. Elle est basée sur mes croyances personnelles, c'est pourquoi vous pouvez souhaiter la réécrire pour qu'elle corresponde à *votre* système de valeurs. Je n'ai jamais dit à personne qui prier, mais j'offre cette prière à tire d'exemple.

« *Dieu, Esprit-Saint, Jésus, Archange Michel, vous mes guides, vous mes anges, je vous demande de superviser cette séance d'écriture automatique et vous assurer que tout ce qui se présentera ici sera positif et aimant. Veuillez stimuler mon aptitude à entendre, voir, penser et recevoir votre communication divine. Veuillez m'aider à recevoir efficacement ces messages et à transmettre ceux qui contiennent des bénédictions pour moi ou quiconque me lira. Merci. Amen.* »

Maintenant, pensez à celui avec qui vous voulez être en contact au ciel. Demandez-lui mentalement de converser avec vous. Vous poserez une question et écrirez la réponse reçue, comme dans une interview. Gardez à l'esprit que l'écriture automatique doit être complètement authentique. Écrivez vos impressions, même si vous doutez de leur authenticité. Si vous n'obtenez rien, notez-le aussi. Nous commençons par écrire tout ce qui arrive et puis éventuellement un changement s'opère et on passe à une véritable communication spirituelle.

Durant la séance c'est comme si quelqu'un contrôlait votre plume. Comme je l'ai dit, votre écriture, votre vocabulaire et même votre orthographe vont probablement se modifier. Ne vous laissez pas effrayer par ces phénomènes, la peur peut à elle seule bloquer la communication divine. Souvenez-vous que vous êtes en sécurité et protégé par Dieu et l'archange Michel (qui est l'ange « videur » et ne laisse entrer personne qui n'ait pas de bonnes intentions à votre égard). Votre main peut aussi se mettre à griffonner de petits cercles. C'est un moyen pour le monde spirituel de vous féliciter et de vous dire : « Nous sommes contents d'être en contact avec vous. » Si cette activité se prolonge, dites-leur que vous êtes heureux de les rejoindre mais que vous aimeriez qu'ils passent à un mode de communication plus compréhensible.

Votre ego va probablement faire des siennes durant votre séance. Il vous criera : « Tu es tout simplement en train d'inventer ! » Si cela arrive, laissez l'être avec qui vous êtes en conversation vous apporter une preuve de l'authenticité de la communication. Demandez-lui : « Comment savoir si je n'invente pas ? » La réponse vous convaincra certainement. Si pourtant vous n'êtes pas convaincu, continuez à demander jusqu'à ce que vous receviez un message qui force votre ego à se taire. Ou bien demandez à cet être un signe tangible et puis arrêtez d'écrire. Une fois ce signal reçu, vous serez plus en confiance dans votre prochaine séance.

Maintenant, pensez à une question qui vous tient à cœur. Posez-la mentalement à l'être spirituel. Puis écrivez la question en haut de la page tout en la répétant mentalement. Soyez optimiste, restez positif sur l'idée que vous aurez une réponse.

Écrivez tout ce que vous recevrez à partir de chacun des quatre supports de la communication divine : les pensées, les sentiments, les paroles et la vision. Puis posez une autre question et notez la réponse. Et ainsi de suite.

Quand vous avez fini avec cet être, vous pouvez passer à un autre. Lorsque vous aurez reçu une réponse à toutes vos questions, ne manquez pas de remercier tous ceux qui ont été impliqués. Les anges disent qu'ils aiment nous donner des messages et que cette action porte en elle-même sa récompense en tant que serviteurs de la volonté divine. Cependant, quand nous disons merci, nos cœurs se remplissent de gratitude et ce sentiment chaleureux est un peu le « Je vous aime » que nous échangeons avec nos aimés d'en-haut, tout comme une formule finale à la fin d'une lettre pour le ciel.

Épilogue

Laissez le ciel vous aider

Chacun de nous peut recevoir des messages de ses anges. En fait, nous en recevons tous à *cet instant même.* Si nous ne comprenons pas ces messages, nous pouvons demander à nos anges de nous aider ; nous pouvons aussi utiliser quelques-unes des méthodes préconisées dans ce livre.

Quand vous demandez à vos anges de l'aide ou des réponses, vous ne les dérangez nullement. Les anges *veulent* vous aider dans tous les domaines de votre vie, parce qu'ils veulent apporter la paix sur la terre, à chacun. Si vous pensez que la paix dans votre vie est assujettie à une aide financière, une grande histoire d'amour ou une sécurité d'emploi, alors les anges sont prêts à vous aider car c'est leur mission divine. Vous ne les dérangez pas quand vous demandez de l'aide. Il n'y a aucune demande dérisoire ou inabordable pour les anges. Après tout, le nombre des anges prêts à aider dépasse de beaucoup le nombre de personnes qui demandent. Il y a des milliards d'anges « inoccupés » et qui s'ennuient : ils aimeraient vous aider à créer une vie plus riche de sens et plus prospère.

Sachez que vous méritez l'amour, l'attention et les bénédictions de Dieu et des anges. Ils vous aiment de manière inconditionnelle, peu importe ce que vous avez pu faire comme bêtises dans votre vie. Vous êtes tout aussi important que n'importe qui dans le monde. Si cela peut vous aider, souvenez-vous que Dieu nous a créés tous aussi merveilleux les uns que les autres. Vous dévaloriser, c'est littéralement dévaloriser Dieu.

L'ego essaie de nous convaincre que l'aide céleste n'est pas garantie, parce que nous sommes mauvais ou indignes. C'est tout l'effort de l'ego que de nous empêcher de nous souvenir de notre véritable identité et de notre pouvoir spirituel.

S'il vous plaît, n'écoutez pas cette voix : elle pourrait vous retarder dans votre mission et nous avons besoin de votre réussite sur terre.

Faites en sorte d'être réceptif aux messages de vos anges. Ils ne vous diront rien que vous ne puissiez faire. De même ils n'essaieront pas de contrôler votre vie. Leurs messages nous aident toujours à nous sentir plus en sécurité et plus heureux et ils donnent plus de sens à chaque aspect de notre vie.

Vous pouvez faire appel à autant d'anges que vous le souhaitez, pour vous ou pour ceux que vous aimez. Vous pouvez vous adresser directement à Dieu. Le résultat est le même car les anges ne sont que l'émanation du divin. Ce sont littéralement les incarnations des pensées d'amour de Dieu.

Le royaume divin est peuplé d'anges spécialisés dans tous les secteurs de la vie terrestre (trouver un logement, une âme sœur, obtenir une guérison). Vous pouvez demander aux anges de vous aider dans votre rôle de parent, à l'école, et de vous rendre plus motivé dans vos exercices. Les anges peuvent vous aider et vous transmettre des messages mais il faut le vouloir. Et plus vous voulez être aidé par le Ciel, plus vous aurez de ressources à transmettre au monde.

Quand vous développez l'habitude de laisser les anges s'impliquer dans votre vie, vous fonctionnez tout comme le coéquipier d'une équipe gagnante. Vous ne laissez pas aux anges la responsabilité totale de votre vie – vous ne faites que recevoir et passer la balle à vos coéquipiers, les anges. Grâce à cette pratique, la vie devient plus simple et plus sereine.

Si la souffrance peut faire évoluer spirituellement, la satisfaction peut faire bien plus. À travers la paix que vous obtenez, vous pouvez mieux élever vos enfants et enseigner aux autres car vous-même êtes totalement disponible. Il n'est nul besoin de souffrir pour grandir ! Dieu ne veut certainement pas que vous éprouviez de la peur, pas plus que vous ne le souhaiteriez pour vos propres enfants.

En vous « branchant » sur le message de vos anges, vous pouvez contribuer à créer un monde de paix… pour chacun.

Table des matières

Achevé d'imprimer en mai 2007
sur les presses de la Nouvelle Imprimerie Laballery
58500 Clamecy
Dépôt légal : mai 2007
Numéro d'impression : 705026

Imprimé en France